(北魏)酈道元　注

明鈔本水經注

第六册

國家圖書館出版社

第六册目録

水經卷第二十四

桑欽撰　酈道元注

睢水　瓠子水　汶水

睢水出梁郡鄢縣

睢水出陳留縣西蒗蕩渠東北流地理志曰睢水首受陳留浚儀蒗蕩水也經言出鄢非矣又東逕高陽故亭北俗謂之陳留北城非也蘇林曰高陽者陳留北縣也按在留使鄉聚名也有漢廣野君廟碑延熹六年十二月雍丘令董之仰餘徽於千載遵茂美於絶代命縣人長熙為文用章不朽之德其畧云輟洗分餐諮謀帝猷陳鄭有逐鹿之功

海岱無牧野之戰大康華夏綏靜黎物生民以來功臧莫崇今故字無聞而軍碑介立矣陳留風俗傳曰酈氏居於高陽沛公攻陳留縣酈食其有功封高陽侯有酈峻字文山官至公府掾大將軍商有功食邑于涿故自陳留縣有餅亭餅鄉建武二年世祖封王常為侯國也睢水又東逕雍丘縣故城北縣舊杞國也殷湯周武以封夏后繼禹之嗣楚滅杞秦以為縣圈稱曰縣有五陵之名故以氏縣矣城內有夏后祠昔在二代亨祀不輟秦始皇圖築其表為大城而以縣焉睢水又東水積成湖俗謂之白羊陂陂方四十里右則姦梁陂水注之

其水上承陂水東北逕雍丘城北又東分爲兩瀆
謂之雙媾俱入白羊陂陂之東合洛架水口水上
承汳水謂之洛架水東南流入于睢水睢水又東
逕襄邑縣故城北又東逕雍丘城北睢水又東逕
寧陵縣故城南故葛伯國也王莽改曰康善矣歷
鄢縣北二城南北相去五十里故經有出鄢之文
城東七里水次有單父令楊彥尚書郎楊禪字文
節兄弟二碑漢光和中立也

又東過睢陽縣南

睢水又東逕橫城北春秋左傳昭公二十一年樂
大心御華向於橫杜預曰梁國睢陽縣南有橫亭

今在睢陽縣西南世謂之光城蓋光橫轂相近習
傳之非也睢水又逕新城北即宋之新城亭也春
秋左傳文公十四年公會朱公陳侯衛侯鄭伯許
男曹伯晉趙盾盟于新城者也睢水又東逕高鄉
亭北又東逕亳城北南亳也即湯所都矣睢水又
東逕睢陽縣故城南周武王封微子啓于宋以嗣
殷後為宋都也昔宋元君夢江使乘輜車被繡衣
而謁於元君元君感衛平之言而求之于泉陽男
子余且獻神龜於此矣秦始皇二十二年以為碭
郡漢高祖嘗以沛公為碭郡長天下既定五年為
梁國文帝十二年封少子武為梁王太后之愛子

景帝寵弟也是以警衛貂侍飾同天子藏珎積多
擬京師招延豪傑士咸歸之長卿之徒免官來遊
廣睢陽城七十里大治宮觀臺苑屏樹勢並皇居
其所經構也役夫流唱必曰睢陽創傳曰此始也
城西門即寇先鼓琴處也先好釣居睢水傍宋景
公問道不告殺之後十年止此門鼓琴而去宋人
家家奉事之南門曰盧門也春秋華氏居盧門里
叛杜預曰盧門宋城南門也司馬彪郡國志曰睢
陽縣有盧門亭城內有高臺甚秀廣巍然介立超
焉獨上謂之蠡臺亦曰升臺焉當昔全盛之時故
與霞競遠矣續述征記曰迴道似蠡故謂之蠡臺

非也余按闞子稱朱景公使工人為弓九年乃成公曰何其遲也對曰臣不復見君矣臣之精盡於弓矣獻弓而歸三日而死景公登虎圈之臺援弓東面而射之矢踰于西霜之山集于彭城之東餘勢逸勁猶飲羽于石梁然則蠡臺即是虎圈臺也蓋宋世牢虎所在矣晉太和中大司馬桓溫入河命豫州刺史袁真開石門鮮卑堅戍此臺真頓甲堅城之下不果而還蠡南如西又有一臺俗謂之女郎臺臺之西北城中有涼馬臺臺東有曲池池北列兩釣臺水周六七百步蠡臺直東又有一臺世謂之雀臺也城內東西道北有晉梁王妃王氏

陵表並列二碑碑云妃諱粲字女儀東萊曲城人
也齊北海府君之孫司空東武景侯之季女咸熙
元年嬪于司馬氏泰始二年妃于國太康五年薨
營陵于新蒙之太康九年立碑東即梁王之吹宮
也基陛階礎尚在今建追明寺故宮東即安梁之
舊地也齊周五六百步水列釣臺池東又有一臺
世謂之清泠臺北城憑隅又結一池臺晉灼曰或
說平臺在城中東北角亦或言兔園在平臺側如
淳曰平臺離宮所在今城東二十里有臺寬廣而
不甚極高俗謂之平臺余按漢書梁孝王傳稱王
以功親為大國築東苑方三百里廣睢陽城七十

里大治宮室為複道自宮連屬於平臺三十餘里
複道自宮東出楊州之門左陽門即睢陽東門也
連屬於平臺側近矣屬之城隅則不能是知平臺
不在城中也梁王與鄒枚司馬相如之徒極遊於
其上故齊隨郡三山居序所謂西園多士平臺盛
賓鄒馬之客咸在伐木之歌屢陳是用追芳昔娛
神遊千古故亦一時之盛事謝氏賦雪亦曰梁王
不悅遊於兔園今也歌堂淪宇律管埋音孤墓塊
立無復平日之望矣城北五六里便得漢太尉橋
玄墓冢東有廟即曹氏孟德親酹處操本微素嘗
候於玄玄曰天下將亂能安之者其在君乎操感

知已矣廷玄墓祭云操以頑質見納君子士死知
已懷此無忘又承約言徂沒之後路有經由不以
斗酒隻雞過相沃酹車過三步腹痛勿怨雖臨時
戲言非至親篤好胡肎為此辭哉悽愴致祭以申
宿懷冢列數碑一是漢朝群儒英才哲士感橋氏
德行之美乃共刊石立碑以示後世一碑是故吏
司徒博陵崔烈廷尉河南吳整等以為至德在已
揚之由人苟不驕述夫何舍焉乃共勒嘉石昭明
芳烈一碑是隴西枹罕北次陌碭守長騭為左尉
漢陽獂道趙馮孝高以喬公嘗牧涼州感三綱之
義慕將順之節以為公之勳美宜宣舊邦乃樹碑

頌以昭令德光和元年主記掾李友字仲遼作碑
文碑陰有石鼎文建寧三年拜司空又有中鼎文
建寧四年拜司徒又有左鼎文光和元年拜太尉
鼎名文曰故臣門人相與述公之行咨度體則文德銘于三
鼎武功勒于征鉞書于碑陰以昭光懿又有鉞文稱是
用鏤石假象作茲征鉞軍鼓陳之于東階亦以昭公之
文武之勲焉廟南列二石柱柱東有二石羊羊北有二
石虎廟前東北有石駝駝西北有二石馬皆高大亦不
甚雕毀堆廟頹構粗傳遺墉石鼓仍存鉞今不知
所在睢水於城之陽積而為逢洪陂陂之西南有
陂又東合明水水上承城南大池池周千步南流

會睢謂之明水絕睢注渙睢水又東南流歷于竹
圃水次綠竹蔭渚菁菁實望世人言梁王竹園也
睢水又東逕穀熟縣故城北睢水又東蘄水出焉
睢水又東逕粟縣故城北地理志曰侯國也王莽
曰成富睢水又東逕大丘縣故城北地理志曰故
敬丘也漢武帝元朔三年封魯恭王子節侯劉政
侯國漢明帝更從今名列仙傳曰仙人文賓邑人
賣鞾履為業矣睢水又東逕芒縣故城北漢高帝
六年封耏跖為侯國王莽之傳治世祖改曰臨睢
城西二里水南有豫州從事皇毓碑殞身州牧陰
君之罪時年二十五臨睢長平與李君二千石承

輪氏夏文則高其行而幃其殯州國咨嗟旌閭表墓昭叙令德式示後人城内有臨睢長左馮翊王君碑善有治功累遷廣漢屬國都尉吏民思德縣人公府掾陳盛孫郎中兒定興劉伯鄜等共立石表政以刊遠績縣北與碭縣分水有碭山芒碭縣之間山澤深固多懷神智有仙者涓子注主並隱碭山得道漢高祖隱之吕后望氣知之即於是處也京易非候曰何以知賢人隱師曰視四方常有大雲五色具而不雨其下賢人隱矣

又東過相縣南屈從城北東流當蕭縣南入于睢

相縣故宋地也秦始皇二十三年以為泗水郡漢

高帝四年改曰沛郡治此漢武帝元狩六年封南越桂林監居翁為侯國王莽更名之吾符縣曰吾符高亭睢水東逕石馬亭亭西有漢故伏波将軍馬援墓睢水又東逕相縣故城南宋恭公之所都也國府園中猶有伯姬黄堂基堂夜被火左右曰夫人少避伯姬曰婦人之義保傅不具夜不下堂遂遇火而死斯堂即伯姬燒死處也城西有伯姬冢昔鄭渾為沛郡太守於蕭相二縣興陂堰民賴其利刻石頌之號曰鄭陂睢水又左合白瀆水水上承梧桐陂陂側有梧桐山陂水西南流逕相城東而南流注于睢睢盛則北流入于陂陂溢則西北注

于睢出入迴環更相通注故經有入睢之文睢水又東逕彭城郡之靈壁東東南流漢書項羽敗漢王于靈壁東即此處也又云東逼穀泗服虔曰水名也在沛國相界又詳睢水逕穀熟兩分而睢水為蘄水故二水所在枝分通為兼稱穀水之名蓋因地變然則穀水即睢水也又云漢軍之敗也睢水為之不流睢水又東南逕竹縣故城南地理志曰王莽之篤亭也李奇曰今竹邑縣也睢水又東與滭湖水合水上承甾丘縣之滭陂南北百餘里東西四十里東至朝解亭西届彭城甾丘縣之故城東王莽更名之曰善丘矣其水自陂南系于睢

水水又東南八丈故溝注之水上承蘄水而北會
睢水又東逕符離縣故城北漢武帝元光四年封
路傳德爲侯國王莽之符合也睢水東逕臨淮郡
之取慮故城北昔汝南步遊張少失其母及縣令
遇母於此乃使良馬踟躕輕軒罔進顧訪病嫗乃
其母也誠願宿憑而冥感昭徵矣睢水又東右烏
慈水水出縣西南烏慈渚潭漲東北流與長直故
瀆合溝舊上承蘄水北流八十五里注烏慈水烏
慈水又東取慮縣南又東屈逕其城東而北流注
于睢睢水又東逕睢陵縣故城北漢武帝元朔元
年封江都易王子劉楚爲侯國王莽之睢陵也睢

水又東與潼水故瀆會舊上承潼縣西南潼陂東北流逕潼縣故城北又東北逕睢陵縣下會睢睢水又東南流逕下相縣故城南高祖十三年封莊侯泠耳為侯國應劭曰下相水出沛國相縣故此加下也然則下相又是睢水之别名也東南流入于泗謂之睢口經止蕭縣非也所謂得其一而亡其二矣

瓠子河出東郡濮陽縣北河

縣北十里即瓠河口也尚書禹貢雷夏能澤雝沮會同爾雅曰水自河出為雝許慎曰雝者河雝水也暨漢元光之年河水南泆漂害民居武帝元封

二年上使汲仁郭昌發卒數萬人塞瓠子決河於是上自萬里沙還臨決河沈白馬玉璧令群臣將軍以下皆負薪塡決河上悼功之不成乃作歌曰瓠子決兮將柰何殫爲河兮地不寧功無已時兮吾山平吾山平兮巨野溢魚佛鬱兮柏冬日正道弛兮離常流蛟龍騁兮放遠遊歸舊川兮神哉沛不封禪兮安知外皇謂河公兮何不仁泛濫不止兮愁苦人齧桑浮兮淮泗滿久不反兮水維緩一曰河湯湯兮激潺湲北渡迴兮迅流難搴長旌兮湛美玉隤林竹兮揵石菑宣防塞兮萬福來於是卒塞瓠子口築宮於其上名曰宣房宮水亦謂瓠

子堰為宣房堰而水亦以瓠子受名焉平帝已後
未及脩理河水東浸日月彌廣永平十二年顯宗
詔樂浪人王景治渠築堤起自滎陽東至千乘一千
餘里景乃防遏衝要疏決壅積瓠子之水絶而不
通唯溝瀆存焉河水舊東河逕濮陽城東北故衛
也帝顓頊之墟昔顓頊自窮桑徙此號曰商丘或
謂之帝丘本陶唐氏火正閼伯之所居亦夏伯昆
吾之都殷之相又都之故春秋傳曰閼伯居商丘
相土因之是也衛成公自楚丘遷此秦始皇徙衛
君角於野王置東郡治濮陽縣濮水逕其南故曰
濮陽也沛公守濮陽環之以水張晏曰依河水自

固春秋僖公十三年夏會于鹹杜預曰東郡濮陽
縣東有咸城者也是瓠子故瀆又東逕桃城南春
秋傳曰分曹地自洮盡曹地也今甄城西南五十
里有桃城或謂之洮也瓠瀆又東南逕清丘北春
秋宣公十二年經書楚滅蕭晋人宋衛曹同盟于
清丘京相璠曰在今東郡濮陽縣東南三十里魏
都尉治
東至濟陰句縣為新溝
瓠河故瀆又東逕句陽之小成陽城北城北側瀆
帝王世紀曰堯葬濟陰成陽西北四十里是為穀
墨子以為堯堂高三尺土階三等北教八秋道死

壟蚩山之陰山海經曰堯壟狄山之陽一名崇山
二說各殊以為成陽近是堯冢也余按小成陽在
成陽西北半里許實牛俗喭以為因堯城士安蓋
以是為堯冢也瓠子北有都關縣故城縣有羊里
亭瓠河逕其南為羊里水蓋資城地而變名由經
有新溝之異稱矣黃初中賈逵為豫州刺史與諸
將征吳於洞浦有功魏封逵為羊里亭侯邑四百
户即斯亭也俗名之羊子城非也蓋韻近字轉耳
又東石會濮水之津水土承濮渠東逕鉏丘城南
京相璠曰今濮陽城西南十五里沮丘城六國時
沮楚同以為楚丘非也又東逕浚城南而北去濮

陽三十五里城側有寒泉岡即詩所謂爰有寒泉
在浚之下世謂之高平渠非也京相璠曰濮水故
道在濮陽南者也又東逕句陽縣西句瀆出焉濮
水枝渠又東北逕句陽縣之小成陽縣故東垂亭
西而北入瓠河地理志曰濮水首受泲於封丘縣
東北至都關入羊里水者也又按地理志山陽郡
有都關縣今其城在廩丘城西考地志山陽廩丘
俱屬濟陰則都關無隸山陽理又按地理志郕都
亦是山陽之屬縣矣而東杜考地驗城又並言在
廩丘城南推此而論似地志之誤矣或亦疆理參
差所未詳瓠瀆又東垂亭北春秋隱公八年宋公

衛侯遇于大丘經書垂也京相璠曰今濟陰句陽縣小城陽東五里有故垂亭者也

又東北過廩丘縣爲濮水

郗河又左逕雷澤北其澤藪在大城陽縣故城西北一十餘里昔華胥履大跡處也其陂東西二十餘里南北一十五里即舜所漁也澤之東南即成陽縣故史記曰武王封弟季載於成應劭曰其後乃遷于成之陽故曰成陽也地理志曰成陽有堯冢靈臺今成陽城西二里有堯陵陵南一里有堯母慶都陵於城爲西南稱曰靈都鄉曰崇仁邑號修義皆立廟四周列水潭而不流水澤通泉泉不

耗竭至豐魚筍不敢採捕前並列數碑枯栢數株
檀馬戍林二陵南北列馳道逕通皆以塼砌之尚
修整堯陵東城西五十餘步中山夫人祠堯妃也
石壁階墀仍舊南西北三面長櫟聯蔭扶疎里餘
中山夫人祠南有仲山甫冢冢西有石廟羊虎傾抵
破碎略盡於城爲西南在靈臺之東北按郭緣生
述征記自漢迄晉二千石及丞尉多刋石述敘堯
即位至永嘉三年二千七百二十有一載記于堯
妃見漢建寧四年五月成陽令管遵所立碑文云
堯陵北山甫墓南二冢閒伍員祠晉大安中立一
碑是永興中建今碑祠並無處所又言堯陵在城

南九里中山夫人祠在城南二里東南六里堯母
慶都冢堯陵北二里有仲山甫墓考地驗狀咸為
踈僻蓋聞疑書疑耳雷澤西南十許里有小山孤
立峻上停停嶕峙謂之歷山山北有小阜南屬池澤
之東北有陶墟緣生言舜耕陶所在墟阜聯屬瀆
帶瓠河也鄭玄曰歷山在河東今有舜井皇甫謐
或言今濟陰歷山是也與雷澤相比余謂鄭玄之
言為然故楊雄河東賦曰登歷觀而遥望兮聊浮
游於河之巖今雷首山西枕大河校之圖緯於事
為允士安又云定陶西南陶丘舜也不言在此緣
生為失瓠河之北即廩立縣也王隱晉書地道記

曰廪丘者春秋之所謂齊邑矣實表東海者也竹
書記年晉烈公十一年田悼子卒田布殺其大夫
公孫孫公孫以廪丘叛于趙田布圍廪丘翟角趙孔
屑韓師救廪丘及田布戰于龍澤田師敗逋是也
瓠河與濮水俱東經所謂過廪丘為濮水者也縣
南瓠北有羊角城春秋傳曰取晉羊角遂襲我高
魚有大雨自竇入介其庫登其城尅而取之者也京
相璠曰衛邑也今東郡廪丘縣南有羊角城今魯
邑也今廪丘東北有故高魚城俗謂之交魚城謂
羊角為角逐城皆非也瓠河又逕陽晉城南史記
蘇秦説齊曰過衛陽晋之道徑于亢父之嶮者也

今陽晋城在廩丘城東南一十餘里與都關爲左右也張儀曰泰下甲攻衛陽晋大關天下之匈廣史記音義云關一作開東之亢父則其道矣瓠河之北又有郕都城春秋隱公三年郕侵衛京相璠曰東都廩丘縣南三十里有故郕都地理志曰山陽鄉也褚先生曰漢封金安上爲侯國王莽更名之曰城穀者也瓠河又東逕黎縣故城南王莽改曰黎治矣孟康曰今黎陽也薛瓚言按黎陽在魏郡非此黎陽也世謂黎侯城昔黎侯陽寓于衛詩所謂胡爲乎泥中毛云泥中邑名疑此城也上地汙下城居小阜魏濮陽郡治也瓠河又東逕秺

縣故城南地理志曰溢陽之屬縣也褚先生曰漢武帝封金日磾為侯國王莽之萬歲矣世猶謂之為萬歲亭也瓠河又東逕鄄城南春秋左傳成公十六年公自沙隨還侍于鄆京相璠曰公羊作運字今東都廩丘縣東八十里有故運城即此城也

又北過東郡范縣東北為濟渠與將渠合

瓠河自運城東北逕范縣與濟濮枝渠合故渠上承濟瀆於乘氏縣北逕范縣左納瓠瀆故經有濟渠之稱又北與將渠受河於范縣西北東南逕秦亭南杜預釋地東平范縣西北有秦亭也又東南逕范縣故城南王莽更名建陸也漢興平中靳允

為范令曹太祖東征陶謙於徐州張邈迎呂布郡縣響應程昱說允曰君必固范我守東阿田單之功可立即斯邑也將渠又東會濟渠自下通謂之將渠北逕范城東俗又謂之趙溝非也

又東北過東阿縣東

瓠河故瀆又東北左合將渠枝瀆上承將渠於范縣東北逕范縣北又東北逕東北城南而東入瓠河故瀆又北逕東阿縣故城東春秋經書冬及齊侯盟于柯左傳曰冬盟于柯始及齊平杜預曰東阿即柯邑也按國語曹沫挾匕首刼齊桓公返遂邑於此矣

又東北過臨邑縣西又東北過茌平縣東為鄧里渠

自宣防已下將渠已上無復有水將渠下水首受河自北為鄧里渠

又東北過祝阿縣為濟渠

河水自泗口出為濟水濟水二瀆合而東注于祝阿也

又東北至梁鄒縣西分為二

脉水尋梁鄒濟無二流蓋經之誤

其東北者為濟河其東者為時水又東北至濟西濟河東北入于海時水東至臨淄縣西屈南過太山華縣東又南至費縣東入于沂

時即耏水也音而春秋襄公三年齊晉盟于耏者

也京相璠曰今臨淄惟有澅水西北入泲即地理志曰如水矣耏如聲相似然則澅水即耏水也蓋以澅與時合得通稱矣時水自西安城西南分為二水枝津別出西流德會水注之水出昌國縣黃山西北流逕昌國縣故城南昔樂毅攻齊有功燕昭王以是縣封之為昌國君德會水又西北五里泉水注之水出縣南黃阜北流逕城西北入德會又西北世謂之滄浪溝又北流注時水地理志曰德會水出昌國西北至西安入洳是也時水又西逕東高苑城中而西注也俗人遏令側城南注又屈其城南史記漢文帝十五年分齊為膠西上國都

高邑徐廣音義曰樂安有高宛城故俗謂之東苑
也其水又北注故瀆又西盖野溝水注之源導延
鄉城東北平地出泉西北逕延鄉城北地理志曰
千乘有延鄉縣世人謂故城爲從城延從字相似
讀隨字改所未詳也西北流世謂之盖野溝又西
北流逕高苑縣北注時水時水又西逕西高苑縣
故城南漢高帝六年封治倩爲侯國王莽之常鄉
也其水側城西注京相璠曰今樂安博昌縣南界
有時水西通濟其上源出盤陽北至高苑下有死
時中無水杜預亦云時水於樂安枝流旱則竭涸
爲春秋之乾時也左傳莊公九年齊魯戰地魯師

敗處也時水西北至梁鄒城入于沛非沛入時蓋
時來注沛若沛分東流明不得以時為名尋時沛
更無別流南延華貴之所斯為謬矣
汶水出太山萊蕪縣原山西南過嬴縣南
萊蕪縣在齊城西南原山又在縣西南六十許里
地理志汶水與淄水俱出原山西南入沛故不得
過其縣南也從征記曰汶水出縣西南流又言自
入萊蕪谷夾路連山百數里水隍多行石澗中出
草藥饒松栢林藿綿濛崖壁相望或傾岑阻徑或
迴巖絕谷清風鳴條山壑俱響凌高降深兼惴慄
之懼危溪徑過懸東之鄣未出谷十餘里有別谷

在孤山谷有清泉泉上數丈有石穴二口容人行
入穴丈餘高九尺許廣四五丈言是昔人居山之
處薪爨煙墨猶存谷中林木緻密行人尠有能至
矣又有少許山田引灌之蹤尚存出谷有平丘面
山傍水土人悉以種麥云此丘不宜殖稷黍而宜
麥齊人相承以殖之意謂麥丘所栖愚公谷也何
其深沈幽翳可以託業怡生如此也余時逕為之
踟躕為之屢眷矣余按麥丘愚公在齊川谷猶傳其
名不在魯蓋誌者之謬耳汶水又西南逕嬴縣故城
南春秋左傳桓公三年云會齊侯于嬴博婚于齊也
又東南過奉高縣北

奉高縣漢武帝元封元年立以奉太山郡治也縣北有吳季札子墓在汶水南曲中季札之聘上國也喪子於嬴博之間即此處也從征記曰嬴縣西六十里有季札兒冢冢圓其高可隱也前有石銘一所漢末奉高令所立無所述敘標誌而已自昔恒蠲民户洒掃之今不能然碑石糜碎靡有遺矣唯趺存焉

屈從縣西南流

汶出牟縣故城西南阜下俗謂之胡盧堆淮南子曰汶出弗其高誘曰山名也或斯阜也牟縣故城在東北古牟國也春秋時牟人朝魯故應劭曰魯

附庸也俗謂是水為牟汶也又西南逕奉高縣故
城而西南流注于汶汶水又南右合北汶水出分
水溪源與中川分水東南流逕太山東右天門下
溪水水出太山天門下谷東流古者帝王升封咸
憩此水水上往往有石竅存焉蓋古設舍所跨處
也馬第伯書云光武封太山第伯從登山去平北
二十里南向極望無不覩其為高或以為小伯石
或以為冰雪仰視巖石松樹鬱鬱蒼蒼如在雲中
俯視溪谷碌碌不可丈尺直上七十里天門仰視
天門如從穴中視天矣應劭漢官儀云太山東南
山頂名曰日觀者雞一鳴時見日始欲出長三丈

許故以名爲其水自溪而東濬波注壑東南流龜
陰之龜田山在博縣北一十五里昔夫子傷政道之
陵遲故望山而懷操故琴操有龜山操焉山北即
龜陰之田也春秋定公十年齊人來歸龜陰之田
是也又合環水水出太山南溪南流歷中階兩廟
間從征記曰太山有下中上三廟牆闕嚴整廟中
栢樹夾兩階大二十餘圍蓋漢武所植也赤眉嘗
斫一樹見血而止今斧創猶存門閣三重樓榭四
所三層壇一所高丈餘廣八丈樹前有大井極香
冷異於凡水不知何代所掘不常浚渫而水旱不
減庫中有漢時故樂器及神車木偶皆靡密巧麗

又有石勒建武十三年永貴侯張余上金馬一匹高二尺餘形制甚精中廟去下廟五里屋宇又崇麗於下廟廟東西夾澗上廟在山頂即封禪處也其水又屈而東流入于汶水又東南流逕南明堂下漢武帝元封元年封太山降坐明堂於山之東北阯武帝以古處嶮狹而不顯也欲治明堂於奉高傍而未曉其制濟南人公玉帶上黃帝時明堂圖圖中有一殿四面無壁以茅蓋之通水圜宮垣為複道上有樓從西南入名曰崑崙天子從之入以拜祀上帝焉於是上令奉高作明堂於汶水如帶圖也古引水為壁雍處基瀆存焉世謂此水為

石汶山海經曰環水出泰山東流注于江即此水
也環水又左入于汶水汶水又西南流逕徂崍山
西山多松柏詩所謂岨崍之松也廣雅曰道梓松
也抱朴子稱玉策記曰千歲之松中有物或如青
牛或如青犬或如人皆壽萬歲又稱天陵有偃蓋
之松也所謂樓松也魯連子曰松樅高十仞而無
枝非憂正實之無柱也爾雅曰松葉栢身曰樅鄒
山記曰徂崍山在梁甫奉高博三縣界猶有美松
亦曰尤崍之山也赤眉渠帥樊崇所堡也故崇自
號尤來三老矣山東巢父廟山高十里山上有陂
水方百許步三道流注一水東北沿溪而下屈逕

縣南西北流入于一水北流歷澗西流入于汶一
水南流逕陽関亭南春秋襄公十七年逆臧紇自
陽関者也又西流入于汶水也
過博縣西北
汶水南逕博縣故城東春秋哀公十一年會吳伐
博者也灌嬰破田横於城下屈從其城南西流不
在西北也汶水又西南逕龍鄉故城南春秋成公
三年齊侯圍龍龍囚頃公嬖人盧蒲就殺而膊諸
城上齊侯親鼓取龍者也漢高帝八年封謁者陳
署為侯國汶水又西南逕亭亭山東黄帝所禪也
山有神廟水上有石門舊分水下溉處也汶水又西

南逕陽關故城西本有平縣之陽關亭矣春秋襄公十七年逆臧紇自陽關者也陽虎居之以叛伐之虎焚萊門而奔齊者也汶水又南左會淄水水出太山巢父縣東西南流逕兎裘城北春秋隱公十一年營之公謂羽父曰吾將歸老焉故郡國志曰梁父有兎裘聚淄水又逕梁父縣故城南縣北有梁人山開山圖曰太山在左亢父在右亢父知生梁甫主死王者封太山禪梁甫故縣取名焉淄水又西南柴縣故城北地理志曰太山之屬縣也世謂之柴汶矣淄水又逕郕北漢高帝六年封董渫為侯國春秋齊師圍郕郕人伐齊飲馬於斯水

也昔孔子行於郕之野過榮啓期於是衣鹿裘被
髮琴歌三樂之懽夫子善其能寬矣淄水又西逕
陽關城南西流注于汶水水又南逕巨平縣故城
東而西南流城東有魯道詩所謂魯道有蕩齊子
由歸者也今汶上夾水有文姜臺汶水又西南流
詩云汶水滔滔矣淮南子曰貉渡汶則死天地之
性倚伏難尋固不可以情理窮也汶水又西南逕
魯國汶陽縣北王莽之汶亭也縣北有曲水池亭
春秋桓公十二年經書公會杞侯莒子于曲池左
傳曰平杞莒也故杜預曰魯國汶陽縣北有曲水
亭漢章帝元和三年東巡太山立行宮於汶陽執

金吾耿恭恭也城門於汝上基壍存焉世謂之闕
陵城也汝水又西逕汝陽縣故城北而注
又西南過蛇丘縣南
汶水又西洸水出焉又西逕蛇丘縣南縣治鑄鄉
故城春秋左傳宣叔娶于鑄是也杜預曰濟北蛇
丘縣所治鑄鄉城者也
又西南過岡縣北
地理志鄉故闡也王莽更之曰柔也應劭曰春秋
經書齊人取讙及闡亭是也杜預春秋釋地曰闡
在岡縣北岡城東有一小亭今岡縣治俗人又謂
之闞亭京相璠曰岡縣西四十里有闡亭未知孰

是汶水又西蛇水注之水出縣東北太山西南流逕汶陽之田齊所侵也自汶之北平暢極目僖公以賜季友蛇水又西南逕鑄城西左傳所謂蛇淵囿也故京相璠曰今濟北有蛇丘城城下有水魯囿也俗謂之濁須水非矣蛇水又西南逕夏暉城南經書公會齊侯于下讙是也今俗謂之夏暉城蓋春秋左傳桓公三年公子翬如齊齊侯送姜氏于下讙非禮是也世有夏暉之名矣蛇水又西南入汶汶水又西溝水注之水出東北馬山西南流逕棘亭南春秋成公三年經書秋叔孫僑如帥師圍棘左傳曰取汶陽之田棘不服圍之南去汶水

八十又西南逕遂城東地理志曰蛇丘遂鄉故遂國也春秋莊公十三年齊滅遂而戍之者也京相璠曰遂在蛇丘東北十里杜預亦以為然然縣東北無城以擬之今城在蛇丘西北蓋杜預傳疑之非也又西逕下灌城西而入汶水汶水又西逕春亭北考古無春名唯平陸縣有崇陽亭然是東去岡城四十里進璠所注則符並所未詳也

又西南過平章縣南

地理志曰東平國故梁也景帝中和六年別為濟東國武帝元鼎元年為大河郡宣帝甘露二年為東平國王莽有鹽城章縣按世本任姓之國也齊

人降章者也故在無鹽城東北五十里汶水又西
南有沙水注之水出肥縣東北自源西南流逕肥
城縣故城南樂正子春謂其弟子曰子適齊過肥
肥有君子焉左逕句窳亭北章帝元和二年鳳凰
集肥城句窳亭後其祖而廵太山即是亭也沙水
又西南逕富城縣故城西王莽之城富也其水又
西南流注于汶汶水又西南逕桃鄉縣故城西王
莽之鄣亭也世以此爲鄣城非蓋因巨新之故目耳
又西南過無鹽縣南又西南過壽張縣北又西南至
安民亭入于濟
汶水自桃鄉四分當其派别之處謂之四汶口其

左二水雙流西南至無鹽縣之郈鄉城南魯叔孫
昭伯之故邑也禍及鬬雞矣春秋左傳定公十二
年叔孫氏墮郈今其城無南面汶水又西南逕其
平陸縣故城北應劭曰古厥也今有厥亭汶水又
西逕危山南世謂之龍山也漢書五行志曰哀帝
時無鹽危山土自起覆草如馳道狀又瓠山石轉
立晉灼曰漢注作報山山脅石一丈轉側起立高
九丈尺六寸旁行一丈高四天東平王雲及后謁
自之石所祭治石象報山立石東倍草并祠之建
平三年息夫躬告之王自殺后謁棄市國除漢書
石立宣帝起之表也汶水又西合為一水西南入

茂都澱澱陂水之異名也澱水西南出謂之巨野溝又西南逕致密城南郡國志曰須昌縣有致密城古中都也即夫子所宰之邑矣制養生送死之節長幼男女之禮路不拾遺器不彫僞矣巨野溝又西南入栢公河北水西出澱謂之巨良水西南逕致密城北西南流注洪瀆次一汶西逕郈亭北又西至壽張故城東遂爲澤渚初平三年曹公擊黄巾於壽張東鮑信戰死于此其右一汶西流逕無鹽縣之故城南舊宿國也齊宣后之故邑所謂無鹽醜女也漢武帝元朔四年封城陽恭王子劉慶爲東平侯即此邑也王莽更名之曰有鹽亭汶

水又西逕洽鄉城南地理志曰所謂無鹽有洽鄉
者也汶水西南流逕壽張縣故城北春秋之良縣
也縣有壽聚漢曰壽良應劭曰世祖叔母名良故
光武改曰壽張也建武十五年世祖封樊宏為侯
國汶水又西南長直溝水注之水出須昌城東北
穀陽山南逕須昌城東又南溹溝水注焉水出無
鹽城東北五里阜山下西逕無鹽縣故城北水側
有東平憲王倉冢碑闕存焉元和三年章帝幸東
平祀以大牢親拜祠坐賜御劍於陵前其水又西
流注長直溝溝水奇分為二一水西逕須昌城南
入浦一水南流注于汶汶水又西流入浦故淮南

子曰汶出弗其西流合浦高誘云弗其山名在朱
虛縣東余按誘説是乃東汶非經所謂入沛者也
蓋其誤證耳

水經卷第二十四

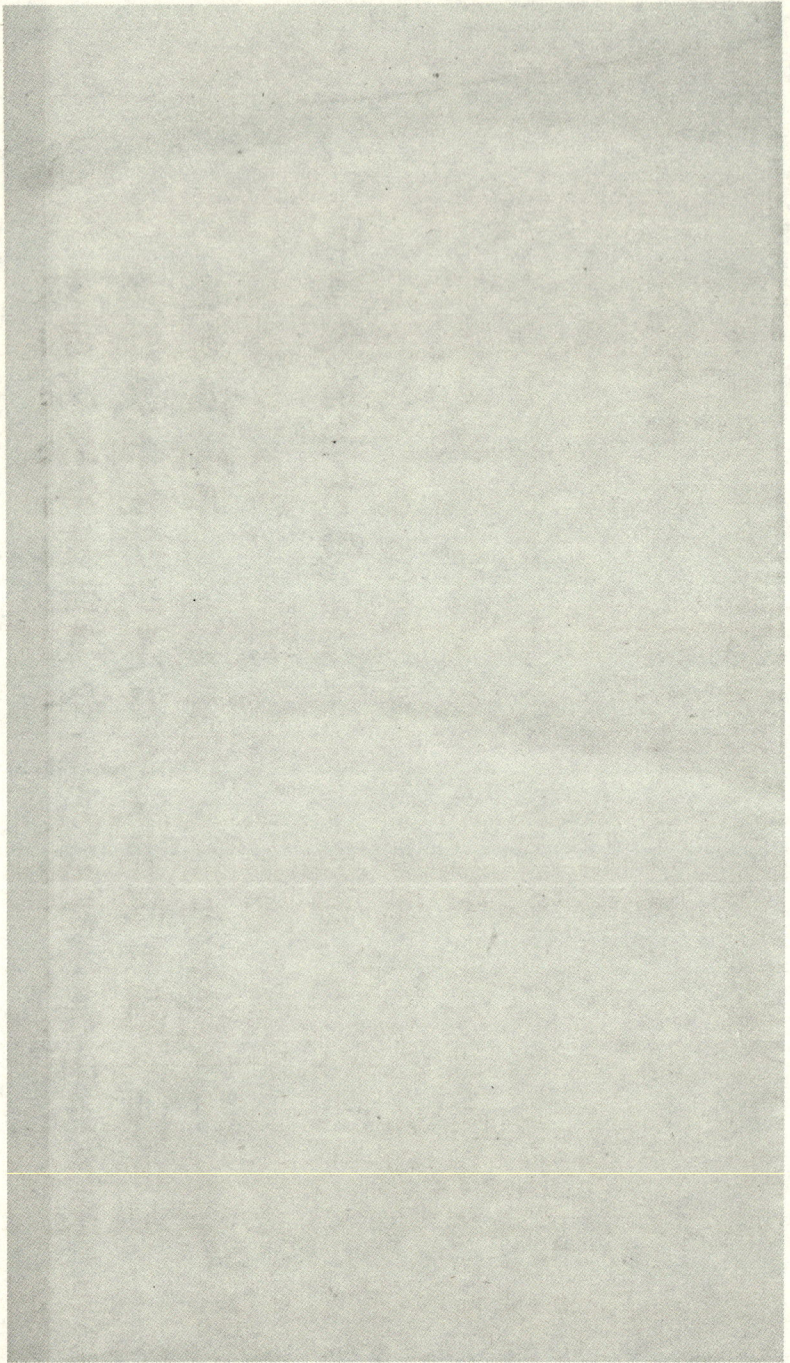

水經卷第二十五

桑欽撰　酈道元注

泗水　沂水

泗水出魯卞縣北山

地理志曰出濟陰乘氏縣又云出卞縣北經言北山皆為非矣山海経曰泗水出魯東北余昔因公事沿歷徐沇路還洙泗因令尋其源流水出卞縣故城東南桃墟西北春秋昭公七年謝息納季孫之言以孟氏成邑與晋而遷于桃杜預曰魯國卞縣東南有桃虛世謂之曰陶墟舜所處也井曰舜井皆為非也虛有澤澤方一十五里淥水澂渟三

丈如減澤西際阜俗謂之嬀亭山蓋有陶墟舜井之言因復有嬀亭之名矣阜則有三石穴廣圓三四尺穴有通否水有盈漏數夕之中則傾陂竭澤矣左右民居識其將漏預以木為曲狀約鄣穴口魚鼈暴鱗不可勝載矣自此連岡通阜西北四十許里岡之西際便得泗水之源也博物志曰泗出陪尾蓋斯阜者矣石穴吐水五泉俱導泉穴各徑尺餘水源南側有一廟枯栢成林時人謂之原泉祠非所究也泗水西逕其縣故城南春秋襄公二十九年季武子取卞曰聞守卞者將叛臣率徒以取之是也南有姑蔑城春秋隱公元年公及邾儀

父盟于蔑者也水出二邑之間西逕郚城北春秋文公七年經書公伐邾三月甲戌取須句遂城郚杜預曰魯邑也卞縣南有郚城備邾難也泗水自卞而會於洙水也

西南逕魯縣北

泗水又西南流逕魯縣分為二流水側有一城為二水之分會也北為洙瀆春秋莊公九年經書冬浚洙京相播曰杜預並言洙水在魯城北浚深之為齊備也南則泗水夫子教於洙泗之間今於城北二水之中即夫子領徒之所也從征記曰洙泗二水交於魯城東北十七里闕里背洙泗牆南北

一百二十步東西六十步四門各有石閫北門去
洙水百步餘後漢初闕里荊棘自闢從講堂至九
里鮑永為相因修饗祠以誅魯賊彭豐等郭緣生
言泗水在城南非也余按國語宣公夏濫於泗淵
里革斷罟棄之韋昭云泗在魯上北史記冢記王
隱地道記咸言葬孔子於魯城北泗水上今泗水
南有夫子冢春秋孔演圖曰鳥化為書孔子奉以
告天赤爵銜書上化為黄玉刻曰孔提命作應法
為赤制說題辭曰孔子卒以所受黄玉葬魯城北
即子貢廬墓處也譙周云孔子死後魯人就冢次
而居者百有餘家命曰孔里孔叢曰夫子墓塋方

一里在魯城北六里泗水上諸孔丘封五十餘所
人名昭穆不可復識有銘碑三所獸碣具存皇覽
曰弟子各以四方奇木來殖故多諸異樹不生棘
木刺草令則無復遺條矣泗水自城北南逕魯城
西南合沂水沂水出魯城東南尼丘山西北山即
顔母所祈而生孔子也山東一十里有顔母廟山
南數里孔子父葬處禮所謂防墓崩者也平地發
泉流逕魯縣故城南水北東門外即爰居所止處
也國語曰海鳥曰爰居止於魯城東門之外三日
臧文仲祭之展禽譏焉故莊子曰海鳥止郊魯侯
觴之奏以廣樂具以太牢三日而死此養非所養

矣門郭之外亦戎夷死處呂氏春秋曰昔戎夷違齊如魯天大寒而後門與弟子宿於郭門外寒愈甚謂弟子曰子與我衣我活我與子衣子活我國士也爲天子惜子不肖人不足愛弟子曰不肖人惡能與國士并衣哉戎歎曰不濟夫解衣與弟子半夜而死沂水北對稷門昔圉人犖有力能投蓋于此門服虔曰能投千鈞之重過門之上也杜預謂走接屋之桷反覆門上也春秋僖公二十年經書春新作南門左傳曰書不時也杜預曰本名稷門僖公更高大之今猶不與諸門同故名高門也其遺基猶在地八丈餘矣亦曰雩門春秋左傳莊

公十年公子偃請擊宋師竊從雩門蒙皐比而出
者也門南隔水有雩壇壇高三丈曾點所欲風舞
處也高門一里餘道西有道兒君碑是魯相陳君
立昔曾參居此梟不入郭縣即曲阜之地少昊之
墟有大庭氏之庫春秋豎牛之所攻也故劉公幹
魯都賦曰戢武器於有炎之庫放戎馬於巨野之
垌周成王封姬旦於曲阜曰魯秦始皇二十三年
以為薛郡漢高后元年為魯國阜上有季氏宅宅
有武子臺今雖崩夷猶高數丈臺西百步有大井
廣三丈深十餘丈以石壘之石似磬制春秋宣公
十二年公山不狃帥費攻魯公入季氏之宮登武

子之臺也臺之西北二里有周公臺高五丈周五十步臺南四里許則孔廟即夫子之故宅也宅大一頃所居之臺後世以為廟漢高祖十三年過魯以大牢祀孔子自秦燒詩書經典淪缺漢武帝時魯恭王壞孔子舊宅得尚書春秋論語孝經時人已不復知有古文謂之科斗書漢書秘之希有見者于時聞堂上有金石絲竹之音乃不壞矣廟屋三間夫子在西間東向徵母在中間南面夫人隔東一間東向夫子牀前有石硯一枚作甚朴云平生時物也魯人藏孔子所乘車於廟中是顏路所請者也獻帝時廟遇火燒之永平中鍾離意為魯

相到官出私錢萬三千文付戶曹孔訢治夫子車身入廟拭几席劍履男子張伯除堂下草土中得玉璧七枚伯懷其一以六枚白意意令主簿安置几前孔子授堂牀首有縣甕意召孔訢問何等甕也對曰夫子甕也背有丹書人勿敢發也意曰夫子聖人所以遺甕欲以懸示後賢耳發之中得素書文曰後世修吾書董仲舒護吾車拭吾履發吾笥會稽鍾離意璧有七張伯藏其一意即召問伯果服焉魏黃初二年文帝令郡國修起孔子舊廟置百石吏卒廟有夫子像列二弟子執卷立侍穆穆有詢仰之容漢魏以來廟列七碑二碑無字栝

栢猶茂廟之西北二里有顔母廟廟像猶嚴有修
栝五株孔廟東南五百步有雙石闕即靈光之南
闕北百餘步即靈光殿基東西二十四丈南北十
二丈高丈餘東西廊廡别舍中間方七百餘步闕
之東北有浴池方四十許步池中有釣臺方十步
池臺悉石也遺基尚整故王延壽賦曰周行數里
仰不見日者也是漢景帝程姬子魯恭王之所造
也殿之東南即泮宫也在高門直北道西宫中有
臺高八十尺臺南水東西一百步南北六十步臺
西水南北四百步東西六十步臺池咸結石為之
詩所謂思樂泮水也沂水又西逕圜丘北丘高四

丈餘沂水又西流昔韓雉射龍於斯水之上尸子曰韓雉見申羊於魯有龍飲於沂韓雉曰吾聞也出見虎搏之見龍射之令弗射是不得行吾聞也遂射之沂水又西右注泗水者也

又西過瑕丘縣東屈從縣東南流漷水從東來注之

瑕丘魯邑春秋之負瑕矣襄公七年季康子伐邾因諸負瑕是也應劭曰瑕丘在縣西南昔衛大夫公叔文子升於瑕丘蘧伯玉從文子曰樂哉斯丘死則我欲葬焉伯玉曰吾子樂之則瑗請前刺其欲害民良田也瑕丘之名蓋因斯以表稱矣曾子弔諸負夏鄭玄皇甫謐並言衛地魯衛雖殊土則

一也漷水出東海合鄉縣漢和帝永寧九年封馬光子復為侯國其水西南流入邾春秋襄公二年季孫斯伐邾取漷東田及沂西田是也漷水又逕魯國鄒山東南而西南流春秋左傳所謂嶧山也邾文公之所遷今城鄒山之陽依巖岨以墉固故邾婁之國曹姓也叔梁紇之邑也孔子生於此後乃縣之因鄒山之名以氏縣也王莽之鄒亭矣京相璠曰地理志嶧山在鄒縣北繹邑之所依為名也山東西二十里高秀獨出積石相臨殆無土壤石間多孔穴洞達相通往往有如數間屋處其俗謂之嶧孔遭亂輒將處人入嶧外寇雖衆無所施

害永嘉中太尉郗鑒将鄉曲逃此山胡賊攻守不能得令山南有大嶧名曰郗公嶧山北有絶巖秦始皇觀禮於魯登於嶧山之上命丞相李斯以大篆勒銘山嶺名曰晝門詩所謂保有鳬嶧者也漷水又西南逕蕃縣故城南又西逕薛縣故城北地理志曰夏車正奚仲之國也竹書紀年梁惠成王三十一年邳遷于薛改名徐州城南山上有奚仲冢晉太康地記曰奚仲冢在城南二十五里山上百姓謂之神靈也齊封田文於此號孟嘗君有惠喻令郭側猶有文冢結石為郭作制嚴固瑩麗可尋行人往還莫不逕觀以為異見矣漷水又西逕

仲虺城北晉太康地記曰奚仲遷於邳仲虺居之以爲湯左相其後當周爵稱侯後見侵削霸者所絀爲伯任姓也應劭曰邳在薛徐廣史記音義曰楚元王子郢以呂后三年封上邳侯也有下故此爲上矣晉書地道記曰仲虺城在薛城西三十里

漷水又西逕至湖陸縣入于泗故京相璠曰薛縣漷水首受蕃縣西注山陽湖陸是也經言瑕丘東誤耳

又南過平陽縣西

縣即山陽郡之南平陽縣也竹書紀年曰梁惠成王二十九年齊田盻及宋人伐我東鄙圍平陽者

也王莽改之曰巵平矣泗水又南逕故城西世謂之漆鄉應劭十三州記曰漆鄉郲邑也杜預曰平陽東北有漆鄉鄹令見有故城西南方二里所未詳也

又南過高平縣西洸水從北西来流注之

泗水南逕高平山山東西十里南北五里高四里與衆山相連其山最高頂上方平故謂之高平山縣亦取名焉泗水又南逕高平縣故城西漢宣帝地節三年封丞相魏相為侯國高帝八年封將軍陳錯為槀侯地理志曰縣故山陽之槀也王莽改曰高平應劭曰章帝改按本志曰王莽更名章帝

因之矣所謂洸水者洙水也蓋洸洙相入受通稱也

又南過方與縣東

漢哀帝建平四年縣女子田無嗇生子先未生二月兒啼腹中及生不舉葬之陌上三日人過聞啼聲母掘養之

荷水從西來注之

荷水即泲水之所苞注以成湖澤也而東與泗水合於湖陵縣西六十里穀庭城下俗謂之黃水口黃水西北通巨野澤蓋以黃水沿注于荷故因以名焉

又屈東南過湖陸縣南涓涓水從東北來流注之

地理志曰故湖陸縣也荷水在南王莽更曰湖陸
應劭曰尚書一名湖陵章帝封東平王蒼子為湖
陵侯更名胡陵也泗水又東逕郗鑒所築城北又
東逕湖陸東城南昔桓温北入也范懽擒慕容忠
於此城東有度尚碑泗水又左會南梁水地理志
曰水出蕃縣今縣之東北平澤出泉若輪焉發源
成川西南流分為二水北水枝西出逕蕃縣北西
逕滕城北春秋左傳隱公十一年滕侯薛侯來朝
爭長薛侯曰我先封滕侯曰我周之卜正也薛庶
姓也我不可以後之公使羽父請薛侯曰君辱在
寡人周諺有之曰山有木工則度之賓有禮主則

擇之周之宗盟異姓為後寡人若朝於薛不敢與
諸任齒君若辱況寡人則願以滕君為請薛侯許
之乃長滕侯者也漢高帝封夏侯嬰為侯國号曰
滕公鄧晨曰今沛郡公丘也其水又溉於丘鳥縣
故城在滕西北按地理志即滕也周懿王子錯叔
繡文公所封也齊滅之秦以為縣漢武帝元朔三
年封魯恭王子劉順為侯國世以此水溉我良田
遂及百秭故有兩溝之名焉南梁水自枝渠西南
逕魯國蕃縣故城東俗以南隣於漷亦謂之西漷
水南梁水又屈逕城南應劭曰縣古小邾邑也地
理志曰其水西流注于沛沛在湖陸西而左注西

此下三葉倒乱 三

陰乙氏平利鄉皇甫謐曰伊尹年百餘歲而卒大
霧三日沃丁葬以夫子之禮親自臨喪以報大德
馬又東逕孟諸澤杜預曰澤在梁國睢陽縣東北
逕卬城縣故城南地理志曰山陽縣也王莽更名
之曰告城矣故世有南部北部之論也又東逕單
父故城南昔宓子賤之治也孔子使巫馬期觀政
入其境見夜漁者問曰子得魚輒放何也曰小者
吾大夫欲長育之故也子聞之曰誠彼形此子賤
得之善矣惜哉不齊所治者小也王莽更名斯縣
為利善矣世祖建武十三年封劉茂為侯國又東
逕平樂縣右合泡水水上承濉水於下邑縣界東

北注一水上承濉水於杼秋縣界北流世又謂之瓠盧溝水積為渚渚水東北流二渠雙引左合澧水俗謂之二泡也自下澧泡並得通稱矣故地理志曰平樂侯國也泡水所出又逕豐西潭謂之豐水漢書稱高祖送徒驪山徒多亡到豐西澤有大蛇當徑拔劍斬之此即漢高祖斬蛇處也又東逕大偃水分為二又東逕豐縣故城南王莽之吾豐也水側城東北流右合枝水上承豐西大偃派流東北逕豐城北東注澧水澧水又東合黄水時人謂之狂水蓋狂黄聲相近俗傳失實也自下黄水又兼通稱矣水上舊有梁謂之泡橋王智深宋史云宋

楚鄭圍宋晉觧楊圍楚致命于此宋人懼使華元乘闉夜入楚師登子反之牀曰寡君使元以病告弊邑易子而食析骨以爨城下之盟所不能也子反退一舍宋楚乃平今城東闉上猶有華元祠祠之不輟城北有華元冢黄溝自城南東逕葵丘下春秋僖公九年齊桓公會諸侯于葵丘宰孔曰齊侯不務德而勤遠畧北伐山戎南伐楚西為此會東畧之不知西則否矣其在亂乎君務靖亂無勤於行晉侯乃還即此地也黄溝又東注大澤蒹葭莞葦生焉即世所謂大薺陂也陂水東北流逕定陶縣南

又東逕山陽郡
成武縣之楚丘亭北黄溝又東逕郜城北成武縣
故城南王莽更之曰成安也黄溝又東北逕郜城
北春秋桓公二年經書取郜大鼎于宋戊申納于
大廟左傳曰宋督攻孔父而取其妻殺殤公而立
公子馮以郜大鼎賂公臧僖伯諫爲非禮十三州
志曰今成武縣東南有郜城俗謂之北郜者也黄
溝又逕東平樂縣故城南又東右泡水即豐水之
上源也水上承大薺陂東逕貫城北又東逕巳氏縣
故城北王莽之巳善也縣有伊尹冢崔駰曰殷帝
沃丁之時時伊尹卒葬於薄皇覽曰伊尹冢在濟

泗沛合流故地記或言沛入泗泗亦言入沛至受
通稱故有入沛之文闞駰十三州志曰西至湖陸
入泗是也經無南梁之名而有涓涓之稱疑即是
水也戴延之西征記亦言湖陸縣之東南有涓涓
水亦無記於南梁謂是吳王所道之瀆也余按湖
陸西南止自是水延之蓋以國語云吳王夫差起
師將北會黃池掘溝於商魯之間北屬之沂西屬
于沛以是言故是水為吳王所掘非也余以水路
求之止自泗川耳蓋北達沂西北達於商魯而接
於沛吳所浚廣耳非謂起自東北受沂西南注沛
也假之有通非吳所趣年載誠眇人情厠近以今

忖古知一延之之不通情理矣泗水又南漷水注之又逕薛之上邳城西而南注者也

又南過沛縣東

昔許由隱於沛澤即是縣也縣蓋取澤爲名宋滅屬楚在泗水之濱於秦爲泗水郡治黄水注之黄水出小黄縣黄鄉黄溝國語曰吴子會諸侯於黄池者也黄水東流逕外黄縣故城南張晏曰魏郡有内黄縣故加外也薛瓚曰縣有黄溝故縣氏焉圉稱陳留風俗傳曰縣南有渠水於春秋爲宋之曲棘里故宋之别都矣春秋昭公二十五年宋元公卒于曲棘是也宋華元居于稷里宣公十五年

大尉劉義恭於彭城遣軍王稽玄敬北至城覘候
魏軍魏軍於清西望見玄敬士衆魏南康侯杜道
雋引趣泡橋沛縣民逆燒泡橋又於林中打鼓雋
謂宋軍大至爭渡泡水水深酷寒凍溺死者殆半
清水即泗水之別名也沈約宋書稱魏軍欲渡清
西非也泡水又東逕沛縣故縣城南秦末兵起蕭
何曹參迎漢祖於此城高帝十一年封合陽侯劉
仲子為侯國城內有漢高祖廟廟前有三碑後漢
立廟基以青石為之階陛尚存劉備之為徐州也
治此袁術遣紀靈攻備備求救呂布布救之屯小
沛招靈請備共飲布謂靈曰玄德布弟也布性不

熹合闘但熹解闘乃植戟於門布彎弓曰觀布射
戟小支中者當各解兵不中可留決闘一發中之
遂解此即布射戟支處也述征記曰城極大四周
塹通豐水豐水於城南東注泗即泡水也地理志
曰泡水自平樂縣東北至沛入泗者也泗水南逕
小沛縣東縣治故城南垞上東岸有泗水亭漢祖
為泗水亭長即此亭也故亭今有高廟廟前有碑
延熹十年立廟闕崩褫畧無全者水中有故石梁
處遺石尚存高祖之破黥布也過之置酒沛宮酒
酣歌舞慷慨傷懷曰遊子思故鄉也泗水又東南
逕流廣戚縣故城南漢武帝元朔元年封劉澤為

侯國王莽更之曰力聚也泗水又逕留縣而南逕
垞城東城西南有崇侯虎廟道淪遺愛不知何因
而遠有此圖泗水又南逕宋大夫桓魋冢西山枕
泗水上而盡石鑿而為冢今人謂之石郭者也郭
有二重石作工巧夫子以為不如死之速朽也

又東南過彭城縣東北

泗水西有華龍寺是沙門釋法顯遠出西域浮海
東還持龍華圖首創此制法流中夏自法顯始也
其所持天基二石仍在南陸東基堪中其石尚光
潔可愛泗水又南淮水入焉而南逕彭城縣故城
東周顯王四十二年九鼎淪沒泗淵秦始皇時而

鼎見於斯水始皇自以德合三代大熹使數千人
没水求之不得所謂鼎伏也亦云系而行之未出
龍齒齧斷其系故語曰稱樂大早絕鼎系當是猛
浪之傳耳泗水又逕龔勝墓碣尚存又經亞父冢
東皇覽曰亞父冢在廬江縣郭東居巢亭中有亞
父井吏民親事皆祭亞父於居巢廳上後更造祠
於郭東至今祠之按漢書項羽傳歷陽人范曾未
至彭城而發疽死不言之居巢今彭城南有項羽
掠馬臺臺之西南山麓上即其冢也曾不慕范蠡
之舉而自絕於斯可謂褊矣推考書墓事近於此也
又東南過呂縣南

呂宋邑也春秋襄公元年晉師伐鄭及陳楚子辛救鄭侵宋呂留是也縣對泗水漢景帝三年有白頸烏與黒烏羣闘於縣白頸烏不勝墮泗水中死者數千京房易傳曰逆親親厥妖白黒烏闘時有呉楚之反泗水之上有石梁焉故曰呂梁也昔宋景公以弓工之弓彎弧東射矢集彭城之東飲羽於石梁即斯梁也懸濤漰渀實為泗嶮孔子所謂魯鼈不能道又云懸水三十仞流沫九十里今則不能也蓋惟嶽之喻未便極天明矣晉太康地記曰水出磬石書所謂泗濵浮磬者也泗水又東南流丁溪水注之溪水上承泗水於呂縣東南流北

帶廣隰山高而注于泗川泗水冬春淺澀常排沙通道是以行者多從此溪即陸賦所云乘丁水之捷岸排泗川之積沙者也晉太元九年左将軍謝玄於吕梁遣督護聞人奭用功九萬擁水立七埭以利運漕者

又東南過下邳縣西

泗水歷縣逕葛嶧山東即奚仲所遷邳嶧者也泗水又東南逕下邳縣故城西東南流沂水流納注焉故東海屬縣也應劭曰奚仲自薛徙居之故曰下邳也漢徙齊王韓信為楚王都之後乃縣焉王莽之潤儉矣東陽郡治文穎曰秦嘉東陽郡令下

邳是也晉灼曰東陽縣本屬臨淮郡明帝分屬下邳後分屬廣陵故張晏曰東陽郡今廣陵郡也漢明帝置下邳郡矣城有三重其大城中有司馬石苞鎮東將軍胡質司徒王渾監軍石崇四碑南門謂之白門魏武擒陳宫於此處矣中城呂布所守也小城晉中興北中郎將荀羡郗曇所治也昔太伯山吳伯武少孤與弟文章相失二十餘年遇於縣市文章欲毆伯武心神悲慟因相尋問乃兄弟也縣為沂泗之會也又有武原水注之水出彭城武原縣西北會注陂南逕其城西王莽之樂亭也縣東有徐廟山山因徐徙以即名之也山上有石

室徐廟也武原又南合武水謂之洳水南逕剛亭城又南至下邳入泗謂之武原水口也又有桐水出西北東海容丘縣東南至下邳入泗泗水東南逕下相縣故城東王莽之從德也城之西北有漢太尉陳球墓墓前有三碑是弟子管寧華歆等所造初平四年曹操攻徐州破之拔取慮睢陵夏丘等縣以其父避難被害於此屠其男女十萬泗水為之不流自是數縣人無行跡亦為暴矣泗水又東南得睢水口泗水又逕宿預城之西又逕其城南故下邳之宿留縣也王莽更名之曰康義矣晉元皇之為安東也督運軍儲而為邸閣也魏太和

中南徐州治後省為戍梁將張惠紹北入水軍所次憑固斯城更增修郭壍其四面引水環之今城在泗水之中也

又東南入于淮

泗水又東逕陵柵南西征記曰舊陵縣之治也泗水又東南逕淮陽城城北臨泗水昔葘丘訢飲馬斬蛟眇目於此處也泗水又東南逕魏陽城北城枕泗川陸機行思賦曰行魏陽之枉渚故無魏陽疑即泗陽縣故城也王莽之所謂淮平亭矣蓋魏文帝幸廣陵所由或因變之未詳也泗水又東逕角城北而東南流注于淮考諸地說或言泗水於

睢陵入淮亦云於下相入淮皆非實錄也

沂水出泰山蓋縣艾山

鄭玄云出沂山亦或云臨樂山水有二源南源所導世謂之祚泉屯水所發俗謂之臭窮山俱東南流合成一川右會洛預水水出洛預山東北流注之沂水東南左合桑預水水北出桑預山東流于沂水水又東南螳蜋水入焉出魯山東南流右注沂水水又東逕蓋縣故城南東會連綿之水水發連綿山南流逕蓋城東而南入沂沂水又東逕浮來之山春秋經書公及莒人盟于浮來者也即公來山也在邳鄉西故號曰邳來之間也浮來之水

注之其水左控三川右會甘水而注于沂沂水又
南逕爆山西山有二峯相去一里雙峦齊秀負峙
若一沂水又東南逕東苑縣故城西與沂水合孟康
曰縣故鄣邑今鄣亭是也漢武帝元朔二年封城
陽共王第吉為東苑侯魏文帝黄初中立為東苑
郡東燕録謂之團城劉武帝北伐廣固登之以望
王難魏南青州治左氏傳曰莒魯争鄆為曰夕矣
令城北鄆亭是也京相璠曰琅邪姑幕縣南四十
里員亭故魯鄆邑世变其字非也郡國志東苑有
鄆亭今在團城東北四十里猶謂之故東苑城矣
小沂水出黄孤山西南流逕其城北西南注于沂

沂水又南與閭山水合出閭山山東南流右佩二
水總歸於沂沂水南逕東安縣故城東而南合時
密水水出時密山莒地莒人歸共仲于魯及密而
死是也密水東流逕東安城南漢封魯孝王子強
為東安郡密水又東南流入沂沂水又南桑泉水
北出五女山東南流巨圜水注之水出巨圜之山
東南注于桑泉水桑泉水又東南堂阜水入焉其
水導源堂阜春秋莊公九年及是而晚之杜預曰
東莞蒙陰縣西北有夷吾亭者是也堂阜水又東
南注桑泉水桑泉水又東南逕蒙陰縣故城北王
莽之蒙恩也又東南與蔓崮水合水有二源雙會

東導一川俗謂之汶水也東逕蒙陰縣注桑泉水
又南東盧川水注之水出鹿嶺山東南流左則二
川臻湊右則諸葛泉源斯奔亂流逕城陽之盧縣
故蓋縣之盧上里也漢武元朔二年封城陽共王
弟劉豨為侯國王莽更名之曰著善矣又東南注
于桑泉水桑泉水又東南右合蒙陰二水水出蒙
陰山東北流昔琅邪承宮避亂此山立性好仁不
與物競人有認其黍者捨之而去其水東北流入
于沂沂水又南逕陽都縣故城東縣故陽國也齊
同盟齊利其地而遷之者也漢高帝六年封將軍
丁復為侯國沂水又南與蒙山水合水出蒙山之

陰東流逕都縣南東注沂沂水又左合温水水上承温泉陂而西南入于沂水者也

南過琅邪臨沂縣東又南過開陽縣東

沂水南逕中丘城西春秋隱公七年夏城中丘左傳曰書不時也沂水又南逕臨沂縣故城東郡國志曰琅邪有臨沂縣故屬東海郡有洛水注之外出太山南武陽縣之冠石山地理志冠石山洛水所出應劭地理風俗志曰武水出馬蓋水異名也東流逕蒙山下有蒙祠洛水又東南逕顓臾城北郡國志曰縣有顓臾城季氏將伐之孔子曰昔者先王以為東蒙主社稷之臣何以伐之為冉有曰

令夫顓臾固而便近於費者也洛水又東南流逕
費縣故城南地理志東海之屬縣也為魯季孫之邑
子路將隳之公山弗擾師襲魯弗克後季氏為陽
虎所執弗擾以費畔即是邑也漢高帝六年封陳
賀為侯國王莽更名之曰順從也許慎說文云沂
水出東海費縣東西入泗從水斤聲呂忱字林亦
言是矣斯水東南所注者沂水在西不得言東南
趣也皆為謬矣故世俗謂水為小沂水洛水又東
南逕祊城南春秋隱公八年鄭伯請釋太山之祀
而祀周公使宛歸泰山之祊而易許田杜預釋地
曰祊鄭祀泰山之邑也在琅邪費縣東南洛又東

南流注于沂沂水又南逕開陽縣故城東縣故鄅
國也春秋左傳昭公十八年邾人襲鄅盡俘以歸
鄅子曰余無歸矣從帑于邾是也後更名開陽矣
春秋哀公三年經書季孫斯叔孫州仇師師城啓
陽者是矣縣故琅邪郡治也
又東過蘘賁縣東屈從縣南西流又屈南過剡縣西
魯連子稱陸子謂齊湣王曰魯費之衆臣甲舍于
蘘賁者也王莽更名章信也剡故國也少昊之後
春秋昭公十七年剡子朝魯公與之宴昭子叔孫
婼問曰少昊鳥名官何也郯子曰吾祖我知之矣
五帝以雲火紀官少皞瑞鳳鳥統歷鳥官之司議

政斯在孔子從而學焉既而告人曰夫子失官學在四夷者也竹書紀年晉列公四年越子朱句滅郯以郯子鵠歸縣故舊魯也東海郡治秦始皇以為郯郡漢高帝二年更從今名即王莽之沂平者也

又南過良城縣西又南過下邳縣西南入于泗

春秋左傳曰昭公十三年秋晉侯會吳子于良吳子辭水道不可以行晉乃還是也地理志曰良城王莽更名承輸矣沂水於下邳縣北西流分為二水一水於城北西南入泗一水逕城東屈從縣南亦注泗謂之小沂水水上有橋徐泗間以為圯昔張子房過黃石公於圯上即此處也建安二年曹

操園吕布扵此引沂泗灌城而擒之

洙
水出泰山盖縣臨樂山
地理志曰臨樂山洙水所出西北至盖入泗水或
作池字盖字誤也洙水自山西北逕盖縣漢景帝
中元五年封后兄信為侯國又西逕太山東平陽
縣春秋宣公八年冬城平陽杜預曰今太山平陽
縣是也河東有平陽故此加東矣晉武帝元康九
年改為新泰縣也

西
南至卞縣入于泗
洙水西南流盗泉水注之泉出卞城東北卞山之
陰尸子曰孔子至扵暮矣而不宿扵盗泉渴矣而

不飲惡其名也故論撰考讖曰水名盜泉仲尼不
漱即斯泉矣西北流注于洙泗洙水又西南流于
卞城西西南泗水亂流西南至魯縣東北又分為
二水水側有故城兩水之分會也洙水西北流逕
孔里此是謂洙泗之間矣春秋之浚洙非謂始導
矣蓋深廣之耳洙水又西南枝津出焉又南逕瑕
丘城東而南入石門門古結石為水門跨於水上
也西南流世謂之杜武溝洙水又西南逕平陽縣
之顯閭亭西邾邑也春秋襄公二十一年經書邾
庶其以漆閭丘來奔者杜預曰平陽北有顯閭亭
十三州記曰山陽南平陽縣又有閭丘鄉從征記

曰杜謂顓閭丘也今按漆鄉在縣東北漆鄉東北十里見有閭丘鄉顓閭非也然則顓閭自是別亭未知孰是又南洸水注之呂忱曰洸水出東平上承汶水扵崗縣西闡亭東爾雅曰汶別為闡其由洛之波矣洸水西南流逕盛鄉城西京相璠曰岡縣西南有盛鄉城者也又南逕太山寧陽縣故城西漢武帝元朔三年封魯共王子劉怪為侯國王莽改之曰寧順也又南洙水枝津注之水首受洙西南流逕瑕丘城北又西逕寧陽城南又西南入于洸水洸水又西南逕太山郡乘丘縣故城東趙肅侯二十年韓將舉與齊魏戰于乘丘即此縣

也漢武帝元朔五年封中山靖王子劉将夜侯國也洸水又東南流注于洙水又南至高平南入于泗水西有茅鄉城東去高平三十里京相璠曰今高平縣西三十里有故茅鄉城者也

水經卷第二十五

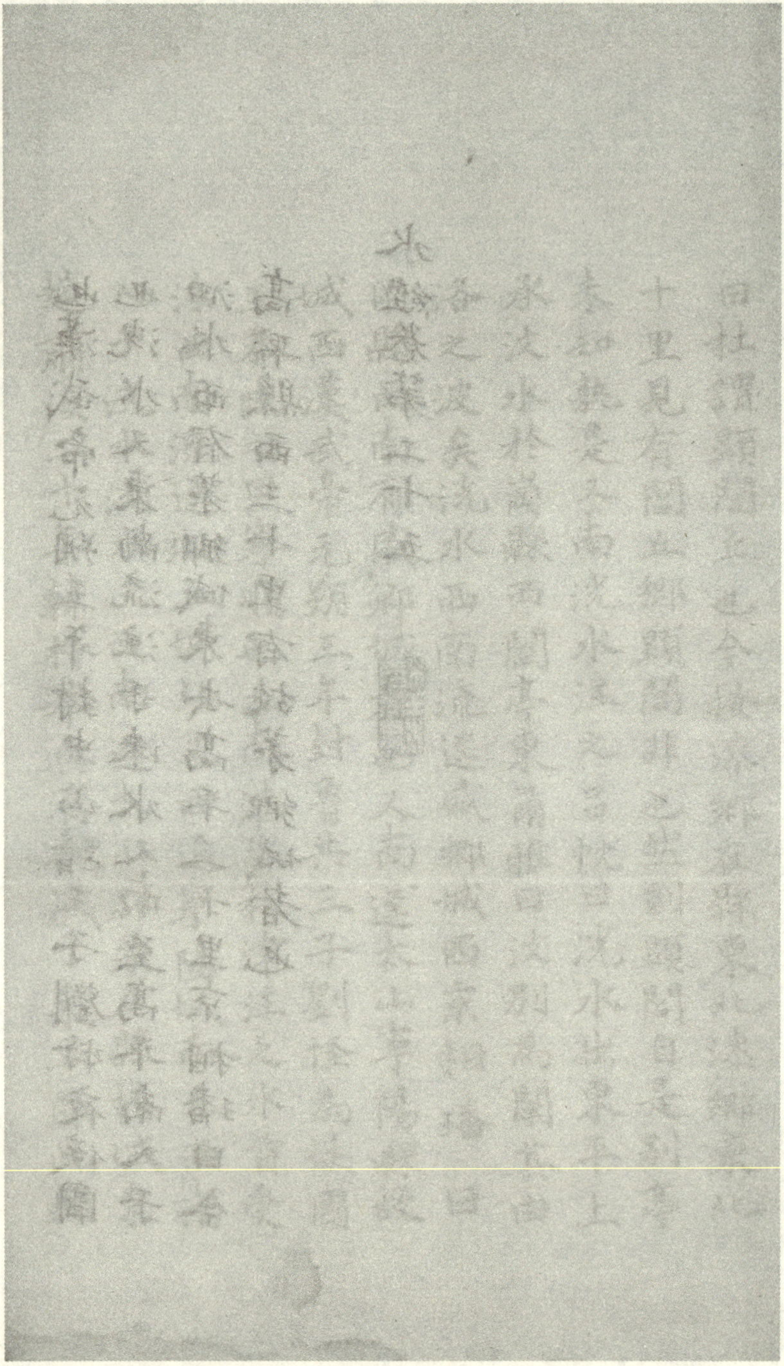

水經卷第二十六

桑欽撰　　酈道元注

沭水　巨洋水　淄水

汶水　濰水　膠水

沭水出琅邪東莞縣西北山

大弁山與小太山連麓而異名也引控衆流積以成川東南流逕邳鄉南南去縣八十許里城有三面而不周於南故俗謂之半城沭水又東南流左右峴水水北出大峴山東南流逕邳鄉東東南流注于沭水也

東南過其縣東

沭水左與箕山之水合水出東諸縣西箕山劉澄之以為許由之所隱也更為巨謬矣其山西南流注于沭水也

又東南過莒縣東

地理志曰莒子之國盈姓也少昊後列女傳曰齊人杞梁殖襲莒戰死其妻將赴之道逢齊公公將弔之杞梁妻曰如殖有罪君何辱命焉如殖無罪有先人之弊廬在下妾不敢與郊弔公旋車弔諸室妻乃哭於城下七日而城崩故琴操云殖死妻援琴作歌曰樂莫樂兮新相知悲莫悲兮生別離哀感皇天城為之墜即是城也其城三重並悉崇

峻唯南開一門内城方十二里郭周四十許里尸子曰莒君好鬼巫而國亡無知之難小白奔焉樂毅攻齊守嶮全國秦始皇縣之漢興以為城陽國封朱虚侯章治莒王莽之莒陵也光武合城陽國為琅耶國以封皇子京雅好宫室窮極伎巧壁帶餝以金銀帝時京不安莒移治開陽矣沭水又南表公水東出清山尋伸維而注沭沭水又南潯水注之水出於巨公之山西南流舊堨以溉渚田東西二十里南北十五里潯水又西南流入沭沭又南與葛陂水會水發三注山西南流逕辟城城南世謂之辟陽城史記建元以來王子侯者年表曰

漢武帝元符二年封城陽共王弟節侯劉扶為侯國也其水於邑積以為陂謂之辟陽湖西南流注于沭水也

又南過陽都縣東入于沂

沭水自陽都縣又南會武陽溝水水東出倉山山上有故城世謂之監官城非也即右有利城矣漢武帝元朔四年封城陽共王子劉釘為侯國也其城因山為基水導山下西北流謂之武陽溝又西至即丘縣注于沭沭水又南逕東海郡即丘縣故春秋之祝丘也桓公五年經書齊侯鄭伯如紀城祝丘左傳曰齊鄭朝紀欲襲之漢立為縣王莽更

之就信也郡國志曰自東海分屬琅耶闞駰曰即
祝魯之音蓋字承讀變矣沭水又南逕東海厚丘
縣王莽更之況其亭也分爲二瀆西南出今無水
世謂之枯水一瀆南逕建陵縣故城東漢景帝八
年封石綰爲侯國王莽更之曰付亭也沭水又南
逕陵山西魏正元中齊王之鎮徐州也立大堰遏
水西流兩瀆之會置城防之曰曲沭戍自流三十
里西注沭水舊瀆謂之新渠自厚丘西南出左會
新渠南入淮陽宿預縣注泗水地理志所謂至下
邳注泗者也經言於陽都入沂非矣沭水左瀆自
大堰水斷故瀆東南出桑堰水注之水出襄賁縣

泉流東注沭瀆又南左合橫溝水水發瀆右東入沭之故瀆又南暨于涓其水西南流逕司吾山東又逕司吾縣故城西春秋左傳楚執鍾吾子以為司吾縣王莽更之息吾也又西南至宿預注泗水也沭水故瀆自下堰東南逕司吾城東又東南歷祖口城中祖水出于楚之祖地春秋襄公十年經書公與晉及諸侯會吳于祖京相璠曰宋地今彭城偪陽縣西北有祖水溝去偪陽八十里東南流逕偪縣故城東北地理志曰故偪陽國也春秋左傳襄公十年夏四月戊午會于祖晉荀偃士丐請伐偪陽而封宋向戌焉荀罃曰城小而固勝之不

武弗勝為笑固請丙寅圍之弗克孟氏之臣秦堇
父輦重如役偪陽人啓門諸侯之士門焉懸門發
鄹人紇扶之以出門者狄虒彌建大車之輪而蒙
之以甲以為櫓左執之右拔戟以成一隊孟獻子
曰詩所謂有力如虎者也主人懸布堇父登之及
堞而絶之隊則又懸之蘇而復上者三主人辭焉
乃退帶其斷以徇於軍三日諸侯之師久於偪陽
請歸智伯怒曰七日不克爾乎取之以謝罪也偃士
攻之親受矢遂滅之以偪陽子歸獻子于武宮謂
之夷俘偪陽妘姓也漢以為縣漢武帝元朔三年封齊
孝王子劉就為侯國王莽更之輔陽也郡國志曰

偪陽有祖水祖水而南亂於沂而注于沭謂之祖
口城得其名矣東南至朐縣入游注海也
巨洋水出朱虛縣泰山北過其縣西
泰山即東小泰山也巨洋水即國語所謂具水矣
袁宏謂之巨昧王韶之以為巨篾亦或曰朐瀰皆
一水也而廣其目焉其水北流逕朱虛縣故城西
漢惠帝二年封齊悼惠王子劉章為侯國地理風
俗記曰丹山在西南丹水所出東入海丹水由朱
虛丘阜矣故言朱虛城西有長坂遠峻名為破車
峴城東北二十里有丹山世謂之凡山縣在西南
非山也丹凡字相類音從字変也山導丹水有二

源各導一山世謂之東丹西丹水也西丹自宂山北流逕劇縣故城東東丹水注之出方山山有三水一水即東丹水也北逕縣合西丹水而亂流又東北出逕濟薄澗北濟水亦出方流入平壽縣積而為渚水盛則北南東南流屈而東北流逕平壽縣故城西而北入丹謂之魚合口丹水又東北逕望臺東東北注海蓋亦縣所氏者也

又北過臨朐縣東

巨洋水自朱虛北入臨朐縣熏治泉水注之水出西溪飛泉側瀨於窮坎之下泉溪之上源麓之側有一祀目之為治泉祀按廣雅金神謂之清明斯

地盖右治官所在故水取称焉水包澄明而清泠
特異淵無潛石淺鏤沙文中有石壇參差相對後
人徼加功飾以為嬉遊之處南北邃岸凌空疎木
交合先公以太和中作鎮海岱余總角之年持節
東州至若炎夏火流閑居倦想提琴命友嬉娛永
日桂笱尋波輕林委浪琴歌既洽歡情亦暢是焉
棲寄實可憑衿小東有一湖佳饒鮮笱匪直芳齊
勺藥實亦潔並飛鱗其水東北流入巨洋謂之薰
治泉又逕臨朐縣故城東城右伯氏駢邑也漢武
帝元朔二年封菑川懿王子劉為侯國應劭曰臨
朐山名也故縣氏之朐亦水名其城側川臨朐是

以王莽用表厥称焉其城上下沿水悉是劉武皇
北代廣固營壘所在矣巨洋又東北逕委粟山東
孤阜秀立形若委粟又東北洋注之水西出石膏
山西北石澗口東南逕逢山下祠西洋水又南東
歷逢山下即石膏山也麓三成壁立直上山上有
石鼓鳴則年凶郭緣生續述征記曰逢山在廣固
南三十里有祠并石鼓齊地將亂石人輙打石鼓
聞數十里洋水歷其陰而東北流世謂之石溝水
東北流出於委粟山北而東注于巨洋謂之石溝
曰然是水下流亦有時通塞及其春夏水泛川瀾
無輟亦或謂之為龍泉水地理志石膏山洋水是

出也今於此縣唯是瀆當之似符羣證矣巨洋又東北得邳泉口泉源西出平地東流注于巨洋巨洋又北會建德水水西發逢山阜而東流入巨洋水也

又北過劇縣西

巨洋水又東北合康浪水水發縣西南峓山無事樹木而負峭孤峙巑岏分立左思齊都賦曰峓嶺其左是也康浪水北流注于巨洋巨洋又東北逕劇縣故城西古紀國也春秋莊公四年紀侯不能下齊以與弟季大去其國違齊難也後改曰劇故魯子連曰朐劇之人辨者也漢文帝十八年別為菑川國後并北海漢武帝元朔二年封菑川依王

子劉錯為侯國王莽更之愈縣也城之北側有故
臺臺西有方地晏謨曰西去齊城九十七里耿弇
破張步於臨淄追至巨昧水上僵尸相屬即是水
巨洋又東北逕晋龍驤將軍幽州刺史辟閭渾墓
東而東北流渾側有一墳甚高大時人咸謂之為
馬陵而不知誰之丘壟也巨洋水又東北逕益縣
故城東王莽更之滌蕩也晏謨曰南去齊城五十
里司馬宣王伐公孫淵北徙豐人住於此城遂改
名為南豐城也又東北積而為潭枝津出焉謂之
百尺溝西北流逕北益都城也漢武帝元朔三年
封菑川依王子劉故為侯國又西北流而注于巨

淀矣
又東北過壽光縣西
巨洋水自湖東北流逕縣故城西王莽之翼平亭也漢光武建武二年封更始子鯉為侯國城之西南水東有孔子石室故廟堂也中有孔子像弟子問經既無碑誌未詳所立巨洋又東北流堯水注之水出劇縣南有崩山即故義山也俗人以其山角因名為角崩山亦名為角林山皆世俗音訛也水即⿰豕隹水矣地理志曰劇縣有義山⿰豕隹水所出也北逕⿰山其山東俗亦名之為青水矣堯水又東北逕東西壽光二城間應劭曰壽光縣有灌亭杜預曰

在縣東南斟灌國也又言斟亭在平壽縣東南平
壽故城在白狼水西今北海郡治水上承營陵縣
之下流東北逕城東西入别畫湖亦曰朕懐湖湖
東西二十里南北三十里東北入海斟亭在溉水
東水出桑犢亭東覆甑山亭故高密郡治世謂之
故郡城山謂之塔山水曰鹿孟水亦曰戾孟水皆
非也地理志曰桑犢故亭北海之屬縣矣有覆甑
山溉水所出北逕斟亭西北今曰狼水按地理志
北海有斟縣京相璠曰故斟尋國禹後西北去灌
亭九十溉水又北逕寒亭西郡國志曰平壽有斟
城東薛瓚漢書集注云按汲郡古文相居斟灌東

郡灌是也明帝以封周後改曰衛斟尋在河南非平壽也又云太康居斟尋羿亦居之桀又居之尚書序曰太康失國兄弟五人酒于洛汭此即太康之居為近洛也余考瓚所據今河南有尋也衛國有觀士國語曰啓有五觀謂之姦子五觀蓋其名也所處之邑其名曰觀皇甫謐曰衛也又云夏相徙南丘依同姓之諸侯于斟灌斟尋氏即汲冢書云相居斟灌也既依斟尋明斟尋非一居矣窮石既伏善射篡相韓浞亦因逄蒙弒羿即其居以生澆因其室而有殪故春秋襄公四年魏絳曰澆用師滅斟灌及斟尋氏處澆于過處殪干戈是以立

員言於吳子曰過澆殺斟灌以伐斟尋是也有夏之遺臣曰靡事羿羿之死也逃于鬲氏今鬲縣也收斟灌尋二國之餘燼殺韓浞而立少康滅之有窮遂亡也是蓋寓其居而生其稱宅其業而表其邑縱遺文沿褫亭郭有傳未可以彼有灌目謂此專此為捨此尋名而專彼為是以土推傳應氏之據亦可按矣堯水又東北注巨洋伏琛晏謨並言堯嘗頓駕於此故受名焉非也地理志曰溉水自劇東北至壽光入海沿其逗趣即是水也

又東北入于海

巨洋水東北逕望海臺西東北流伏琛晏謨並以

為平望亭在平壽縣故城西北八十里右縣又或
言秦始皇升以望海因曰望海臺未詳也按史記
漢武帝元朔元年封菑川王依子劉賞為侯國又
東北注于海也

淄水出泰山萊蕪縣原山

淄水出縣西南山下世謂之原泉地理志曰原山
淄水所出故經原山之論矣淮南子曰水出自飴
山蓋山別名也東北流逕萊蕪谷屈而西北流逕
其縣故城南從征記曰城在萊蕪谷當路岨絶兩
山間道由南北門漢末有范史雲為萊蕪令言萊
蕪在齊非魯所得引舊說云齊靈公滅萊萊民播

流此谷邑落荒蕪故曰萊蕪禹貢所謂萊夷也夾
谷之會齊侯使萊人以兵劫魯侯宣尼稱夷不亂
華是也余按太無萊柞並山名也郡縣取目焉漢
高祖置左傳曰輿之無山及萊柞是也應劭十三
州記曰太山萊蕪縣魯之萊柞邑淄水又西北轉
逕城西又東北流與一水合水出縣東南俗謂之
家桑谷水從征記名曰聖水列仙傳曰鹿皮公者
淄川人也少為府小史才巧舉手成器岑山上有
神象人不能到小史白府君請木工斧三十人作
轉輪造縣閣意思横生數十日梯道成上其巔作
祠屋留止其傍其二間以自固食芝華飲神泉七

十餘年淄水未下呼宗族得六十餘人命上山半水出盡漂一郡没者萬計小史辭遣宗室令下山著鹿皮衣升閣而去後百餘年下賣藥齊市也其水西北流注淄水淄水又北出山謂之萊蕪口東北流者也

又東北過臨淄縣東

淄水自山東北流逕牛山西又東逕臨淄縣故城南東得天齊水口水出南郊山下謂之天齊淵五泉並出南北三百步廣十步山即牛山也左思齊都賦曰牛嶺鎮其南者也水在齊八祠中齊之為名起於此矣地理風俗記曰齊所以為齊者即天

齊淵名也其水北流注于淄水又東逕四豪冢北
水南山下有四冢方基負墳咸高七尺東西直列
是田氏四王冢也淄水又東北逕陽陰里西水東
有冢一基三墳東西八十步是列士公孫接田開
疆古冶子之墳也晏子惡其勇無禮投桃以斃之
死葬陽里即此也淄水又北逕其城東城臨淄水
故曰臨淄王莽之齊陵縣也爾雅曰水出其前左
為營丘武王以其地封太公望賜之以四履都營
丘爲齊或以爲都營陵史記周成王封師尚父于
營丘東就國道宿行遲萊侯與之爭營丘逆旅之
人曰吾聞時得難而易失客寢安殆非就封者也

太公聞之夜衣而行至營丘陵亦丘也獻公自營丘徙臨淄余按營陵城南無水唯城北有一水世謂之白狼水西出丹山俗謂凡山也東北流山爾雅出前左之文不得以為營丘矣營丘者山名也詩所謂子之營兮遭我乎猺之間兮作者多以丘陵號同又去萊差近咸言太公所封考之春秋經書諸侯城緣陵左傳曰遷杞也毛詩鄭注並無營字瓚以為非近之今臨淄城中有丘在小城內周迴三百步高九丈北降丈五淄水出其前故有營丘之名與爾雅相符城對天齊淵故城有齊城之稱是以晏子言始爽鳩氏居之逢伯陵居之太公

居之又曰先君太公築營之丘季札觀風聞齊音曰汪汪乎大風也哉表東海者其太公乎四巴入齊過淄自鏡郭景純言齊之營丘淄水逕其南及東也非營陵明矣獻公之徒其猶晋氏深巽居絳非謂自營陵而之也其外郭即獻公所徙臨淄城也世謂之虜城言齊湣王伐燕燕王噲死虜其民實居因郭以名之秦始皇三十四年滅齊為郡治臨淄漢高六年封子肥於齊為王國王莽更名濟南也戰國策曰田单為齊相過淄水有老人涉淄而出不能行坐沙中单乃解裘於斯水之上也

又東過利縣東

淄水自縣東北流逕東安平城北又東逕巨淀縣
故城南征和四年漢武帝幸東萊臨大海三月耕
巨淀即此也縣東南則巨澱湖盖以水受名也淄
水又東北逕廣饒縣故城南漢武帝元鼎中封菑
川靖王子劉國為侯國淄水又東北馬車瀆水注
之受巨淀淀即濁水所注也呂忱曰濁水一名溷
水出廣縣為山世謂之治嶺山東北流逕廣固城
西城在廣縣西北四里四周絕澗岨水深隍晉水
嘉中東萊人曹嶷所造也水側山際有五龍口義
熙五年劉武王伐慕容超於廣固也以籍險難攻
兵力勞弊河間人玄文說裕云昔趙攻曹嶷望氣

者以為繩水帶城非可攻拔若塞五龍口城當必
陷石虎從之嶷請降降後五日大雨雷電震開後
慕容恪之攻拔龕十旬不拔塞城而龕降降後無
幾又震開之舊基猶存宜誠修築裕塞之超及城
内男女皆悉脚弱病者太半超遂出奔為晉所
擒也然城之所跨實憑地嶮其不可固城者在此
濁水東北流逕堯山東從征記曰廣固城北三里
有堯山祠堯因巡守登此山後人遂以名山廟在
山之左麓廟像東面華宇修整帝圖嚴飾軒冕之
容穆然山之上頂舊有上祠今也毀廢無復遺式
盤石上尚有人馬之跡徒黄石而已唯刀劍之蹤

逼真矣至於燕鋒代鍔魏鋏齊銘與今劍莫殊以
密模寫知人功所制矣西望胡公陵孫暢之所云
青州刺史傳弘仁言得銅棺隸書處濁水又東北
流逕東陽城北東北流合長沙水水出逢山北阜
世謂之陽水也東北流逕廣縣故城西舊有州刺
史治亦曰青州城陽水又東北流石井水注之水
出南山頂洞開望若門焉俗謂是山為劈頭山其
水北流注井井際廣城東側三面積石高深一匹
有餘長津激浪瀑布而下澎贔之音驚川聒谷漰
渀之勢狀同洪井北流入陽水余生長東齊極遊
其下於中閣絕乃積綿載後因王事復出海岱郭

金紫惠同石井賦詩言意爾曰嬉娛尤慰羇心但恨此水時有通塞耳陽水東逕故七級寺禪房南水北則長廡偏駕高閣承阿林之際則繩坐疏班錫鉢閒設所謂修修釋子眇眇禪棲者也陽水又東東逕陽城東南義熙中晋青州刺史羊穆之築此以在陽水之陽即謂城之東陽城世濁水為西陽水故也水流亦有時窮通信為靈矣昔在宋世是水絕而復流劉晃賦通津焉魏太和中此水復竭輟流積年先公滁州即任未朞是水復通澄映盈川所謂幽谷枯而更溢窮泉輟而復流矣海岱之士又頌通津焉平昌尨民孫道相頌曰唯彼繩泉

竭喻三齡祈畫珪謁窮斟生道從隆替降由聖明
耋民河間趙嶷頌云敷化未朞玄澤潜施枯源陽
瀾涸川滌陂北海郭欽曰先政輟律我后通洋但
頌廣文煩難以具載陽水又北屈逕漢城陽景王
劉章廟東東注于巨洋後人堨斷令北注濁水時
人通謂濁水為陽水故有南陽北陽水之論二水
渾流世謂之為長沙水也亦或通名之為繩水故
晏謨伏琛為齊記並云東陽城既在繩水之陽宜
為繩陽城非也世又謂陽水為洋水余按羣書鹹
言洋水出臨朐縣而陽水導源廣縣兩縣雖隣川
土不同於事疑焉濁水又北逕臧氏臺西又北逕

益城西又北流注巨淀地理志曰廣縣爲山濁水所出東北至廣饒入巨淀巨淀之右又有女水注之水出東安平縣之蛇頭山從征記曰水西有桓公冢甚高大墓方七十餘丈高四丈員墳圍二十餘丈高七丈餘一墓方七丈二墳晏謨曰依陵記非葬禮如承世故與其母同墓而異墳伏琛所不詳也冢東山下女水原有桓公祠侍其衡奏魏武王所立曰近日路次齊郊瞻望桓公墳壟在南山之阿請為立祀為塊然之主郭緣生述征記曰齊桓公冢在齊城南二十里因山為墳大冢東有女水或云齊桓公女冢在其上故以名水也女水導

川東北流甚有神焉化隆則水生政薄則津竭燓
建平六年水忽暴竭玄明惡之寢病而亡燕太上
四年女水又竭慕容超惡之燓祚遂淪女水東北
流逕東平安縣故城南續述征記曰女水至安平
城南伏流一十五里然後更流注北楊水城故鄅
亭也春秋魯莊公三年紀季以鄅入齊公羊傳曰
季者何紀侯弟也賢其伏罪請鄅以奉五祀田成
子單之故邑也後以為縣傅陵有平故此加東也
世祖建武七年封菑川王子劉茂為侯國又逕安
平城東東北逕龍丘東東北入澱地理志曰葹頭
山女水所出東北至臨淄入巨淀又北為馬車瀆

·北合淄水又北時繩之水注之時水出齊城西南北二十五里平地出泉即如水也亦謂之源水因水色黑俗又自之為黑水西北逕黄山東又北歷愚山山東有愚公冢時水又屈而逕杜山北有愚公谷齊桓公時公隱於溪隣有認其駒者公以與之山即杜山之通阜以其人狀愚故謂之愚公故山水有石梁亦謂為石梁水又有澅水注之水出時水東去臨淄城十八里所謂澅中也俗以澅水為宿留水西北入于時水孟子去齊三宿而後出澅故世以此而变水名也水南山西有王歜墓昔樂毅伐齊賢歜而封之歜不受自縊而死水側有田

引水溉跡尚存時水又西北逕西安縣故城南本渠也齊大夫雝稟之邑矣王莽更之曰東寧時水又西至石洋堰分為二水謂之石年口枝津西北至梁鄒入沛時水又北逕西安城西又北京水系水注之水出齊城西南世謂寒泉也東北流直申門西京相璠杜預並言申門即齊城南面西第一門矣為申池昔齊懿公遊申池邴戎庸職二人害公於竹中今池無復髣髴然水側尚有小小竹木以時遺生也左思齊都賦注申池在海濱齊藪也余按春秋襄公十八年晉伐齊戊戌伐雝門之荻己亥焚南門丙寅焚東北二郭甲辰東侵及沂而

不言北掠于海且晉獻子尚不辭死以逞志何容
對仇敵而不徵暴草木于海嵎乎又炎夏火流非
遠遊之辰懿公見弒蓋是白龍魚遁見困近郊矣
左氏捨近遺遠考右非議杜預泛言有推據耳系
水傍城北流逕陽門西水次有故封處所謂齊之
稷下也當戰國之時以齊宣王喜文學遊說之士
鄒衍淳于髡田駢接子慎到之徒七十六人皆賜
列第為上大夫不治而論議是以齊稷下學士復
盛且數百十人劉向别録以稷為齊城門名也談
說之士期會於稷門下故曰稷下也鄭志曰張逸
問賛云我先師棘下生何時人鄭玄荅云齊田氏

時善學者所會處也齊人號之棘下生無常人也余按左傳昭公二十二年莒子如齊盟于稷門之外漢以叔孫通為傳士號稷嗣君史記音義曰欲以繼蹤齊稷下之風矣然棘下又是齊城内地名左傳定公八年陽虎劫公伐孟氏入自上東門戰于南門之内又戰于棘下者也蓋亦儒者之所萃焉故張逸疑而發問鄭玄釋而辯之雖異名于見大歸一也城内有故臺有營丘有故景王祠即朱虛侯章廟矣晋起居注云齊有大蛇長三百步負小蛇長百餘步逕於市中市人悉觀自北門所入處也北門外東北二百步有齊相晏嬰冢宅左傳

晏子之宅近市景公欲易之而嬰弗更為誡曰吾生則近市死豈易志乃葬故宅後人名之曰清節里系水又北逕臨淄城西門北而西流逕梧宮南昔楚使躬齊齊王饗之梧宮即是宮矣其地猶梧臺里臺甚層秀東西一百餘步南北如減即右梧宮之臺臺東即闞子所謂宋愚人得燕石處臺西有石杜碑碑猶存漢靈帝熹平五年立其題云梧臺里系水又西逕葵丘北春秋莊公八年襄公使連稱管至父戍葵丘京相璠曰齊西五十里有葵丘地若是無戍之僖公九年齊桓會諸侯于葵丘宰孔曰齊侯不務脩德而勤遠略葵丘不在齊也

引胡廣汾陰葵丘山陽西北葵城宜在此非也余原左傳連稱管至父之戍葵丘以瓜時而往還之期請代弗許將為齊亂故令無寵之妹候公於宮因無知之絀遂害襄公若出遠無代寧得謀及婦人而爲公室之亂乎是以杜預稽春秋之旨即傳安之注于臨淄西不得捨近託遠苟成已異於異可殊即義爲負然則葵丘之戍即此地也時水西左迤爲潭又西逕高陽僑郡南魏所立也又西北流注于時時水又東北流繩水注之水出營城東世謂之漢溱水也西北流逕營城北漢景帝四年封齊悼惠王子劉信都爲侯國繩水又西逕樂安

南傳昌縣故城南應劭曰昌水出東萊昌陽縣道遠不至取其嘉名闞駰曰縣處勢平故曰慱昌繩水西歷貝丘京相璠曰博昌縣南近繩水有地名貝丘在齊西北四十里春秋莊公八年齊侯田于貝丘見公子彭生豕立而泣齊侯墜車傷足於是處也繩水又西北入時水從征記又曰水出臨淄縣北逕樂安傳昌南界西入時水者也自下通謂之為繩也昔晋侯與齊侯宴齊侯曰有酒如繩指喻此水也時水又屈而東北逕傳昌城北時水又東北逕齊利縣故城北又東北逕巨淀縣故城北又東北逕廣饒縣故城北東北入淄水地理風俗

志曰淄入濡淮南子曰白公問微言曰若以水投水如何孔子曰淄繩之水合易牙嘗而知之謂斯水矣

又東北入于海

淄水入馬車瀆亂流東北逕琅槐故城南又東北逕馬井城北與時繩之牙受通稱故邑流其號又東北至皮丘坈入于海故晏謨伏琛並言淄繩之水合於皮丘坈西地理志曰馬車瀆至琅槐入于海也蓋舉縣言也

汶水出朱虛縣泰山

山上有長城西接岱山東連琅耶巨海千有餘里

蓋田氏之所造也竹書紀年梁惠成王二十年齊築防以為長城竹書又云晋列公十二年文王命韓景子趙烈侯翟員伐齊人長城史記所謂齊威王曰趙侵伐我長城者也伏琛晏謨並言水出縣東南峿山山在小泰山東者也

北過其縣東

汶水自縣東北逕峿城北地理風俗記曰朱虛縣東四十里有峿城亭故縣也又東北逕管寧塚東故晏謨言柴阜西南有魏獨行君子管寧墓墓前有碑又東北逕柴阜山北山之東有徵士邴原冢碑誌存焉汶水又東北逕漢青州刺史孫嵩墓西

有碑碣汶水又東逕安丘縣故城北漢高帝八年
封将軍張說為侯國地理志曰王莽之誅郅也孟
康曰今渠丘亭莒渠丘城是也伏琛晏謨齊記並
言亭在丘城東北十里非城也城對牟山山之西
南有孫賓碩兄弟墓碑誌並在也

又北過淳于縣西又東北入于縣

故夏后氏之斟灌國也周武王以封淳于公號曰
淳于國春秋桓公六年冬州公如曹傳曰淳于公
如曹度其國危遂不復也其城東北則兩川交會也

濰水出琅邪箕縣

琅邪山名也越王勾踐之故國也勾踐并吳欲霸

中國徙都琅邪秦始皇二十六年滅齊以爲郡城即秦王之所築也遂登琅邪大樂之山作層臺於其上謂琅邪臺臺在城東南十里孤立特顯出于衆山上下周二十里餘傍濵巨海秦王樂之因留三月乃徙黔首二萬户於琅邪山下復十二年所作臺基三層層高三丈上級平敞方二百餘步高五里刊石立碑紀秦功德臺上有神淵淵主靈焉人汙之則竭齋潔則通神廟在齊八祠中漢武帝亦甞登之漢高帝吕后七年以爲王國文帝三年更名爲郡王莽改曰塡夷矣濰水導源濰山許慎吕忱云濰水出箕屋山淮南子曰維水出覆舟山

蓋廣異名也東北逕箕縣故城西又西析泉水注之水出析泉縣北松山東南流析泉縣東又東南逕仲固山東北流入于濰地理志曰至箕縣北入濰者也濰水又東北逕諸縣故城西春秋文公十二年季孫行父城諸及鄆傳曰城其下邑也王莽更名諸并矣濰水又東北涓水注之出馬耳山山高百丈上有二石並舉望齊馬耳故世取名焉東去常山三十里涓水發于其陰地逕婁鄉城東春秋昭公五年經書夏莒牟夷以牟婁防兹來奔者也又分諸縣之東為海曲縣故俗人謂此城爲東諸城涓水又北注于濰水

東北過東武城縣西

縣因岡為城城周三十里漢高帝六年封郭嘉為侯國王莽更名之曰祥善矣又北左合扶淇之水水出西南常山東北流注濰晏謨並以濰水為扶淇之水以扶淇之水為濰水非也按經脉誌濰自箕縣北逕東武縣西北流合扶淇之水晏謨伏琛云東武城西北二里濰水者即扶淇之水也濰水又北右合盧水即久台水也地理志曰水出琅邪横縣故山王莽之合丘也山在東武縣故城東南世謂之盧山也西北流逕昌縣故城西東北流齊地記曰東武城東南有盧水水側有勝火木方俗

音曰檉子其水經野火燒死炭不滅故東方朔不灰之木者也其水又東北流逕東武縣故城東而西北入濰地理志曰久台水出東南逕東武入濰者也尚書所謂濰淄其道矣

又北過平昌縣東

濰水又北逕石泉縣故城西王莽之養信也地理風俗記曰平昌縣東南四十里有石泉亭故縣也濰水又北逕平昌縣故城東荆水注之水出縣南荆山阜東北流逕平昌縣故城東漢文帝封齊悼惠王肥子卬為侯國城之東南角有臺臺下有井與荆水通物墜於井則取之荆水昔常有龍出入

于其中故世亦謂之龍臺城也荆水又東北流注
于濰水又北浯水注之水出浯山世謂之巨平山
也地理志曰靈門縣有高原山與浯一山浯水所
出東北入濰今是山西接浯山許慎説文言水出
靈門山世謂之浯汶矣其水東北逕姑幕縣故城東
縣有五色土王者封建諸侯隨方受之故薄姑
氏之國也闞駰曰周成王時薄姑與四國作亂周
公滅之以封太公是以地理志曰或言薄姑也王
莽曰季睦矣應劭曰左傳曰薄姑氏國太公封焉
薛瓚漢書注云博昌有薄姑城未知孰是浯水又
東北逕平昌縣故城北古堨此水以溉田南注荆

水浯水又東北流而注于濰水也

又北過高密縣西

應劭曰縣有密水故有高密之名也然今世所謂百尺水者蓋密水也水有二源西源出弈山亦曰鄣日山晏謨曰山狀鄣日是有此名伏琛曰山上鄣日故名鄣日山也其水東北流東源出五弩山西北流同瀉一壑俗謂之百尺水右入堨以溉田数十頃此流逕高密縣西下注濰水自下亦兼通稱焉亂流歷縣西碑產山西又東北水有故堰舊鑿石竪柱斷濰水廣六十許步掘東岸激通長渠東北逕高密故城南明帝中元中封鄧震為侯國

縣南十里蓄以為塘方二十餘里右所謂高密之南都也溉田一頃許陂水散流下注夷安澤濰水自堰北逕高密縣故城西漢文帝十六年别為膠西國宣帝平始元年更為高密國王莽之章牟也濰水又北音韓信與楚將龍沮來濰水而陣於此信夜令為萬餘囊盛砂以遏濰水引軍擊沮偽退且追北信決水水大至沮軍半不得渡遂斬龍沮於是水水西有鴈阜阜上有漢司農卿鄭康成冢石碑猶存又北逕昌安縣故城東漢明帝中元中封鄧襲為侯國也郡國志曰漢安帝延光元年復也

又北過淳于縣東

濰水又北左會汶水北逕平城高西又東北逕密
鄉亭西郡國志淳于縣有密鄉地理志皆北海之
屬縣也應劭曰淳于縣東北六十里有平城亭又
四十里有密鄉亭故縣也濰水又東北逕下密縣
故城西城東有密阜地理志曰有三石山祠余按
應劭密者水名是有下密之稱俗以之阜非也

又東北逕都昌縣東

濰水東北逕逢萌縣人也少有大節耻給事縣亭
遂浮海至遼東復還在不其山隱學明帝安車徵
萌以佯狂免又北逕都昌縣故城東漢高祖六年
封朱軫為侯國北海相孔融為黃巾賊管亥所圍

於都昌也太史慈為融求救劉備持的突圍其處也

又東北入于海

膠水出黔陬縣膠山北 過其縣西

齊記曰膠水出五弩山蓋膠山之殊名也北逕祝兹縣故城東漢武帝元鼎中封膠東康王子延為侯國又逕扶縣故城西地理志琅邪之屬縣也漢文帝元年封呂平為侯國膠水又北逕黔陬故城西袁崧郡國志曰縣有介亭地理志曰故介國也春秋僖公九年介葛盧來朝聞牛鳴曰是生三犧皆用之問之果然晏謨伏琛並去縣有東西二城相去四十里有膠水非也斯乃拒艾水也水出縣

西南拒艾山即齊記所謂黔艾山也東北流逕拒縣故城西王莽之祑國也世謂之王城又謂是水為洋洋水矣又東北逕晏伏所謂黔取城西四十里有膠水者也又東入海地理志曰琅邪有椎縣拒艾水出焉東入海即斯水也今膠水北逕晏伏所謂西黔陬城東高密即側有黔陬縣地理志曰膠水出郑縣王莽更之純德矣疑即是縣所未詳

又北過夷安縣東

縣王莽更名之曰原亭也應劭曰故萊夷邑也太史公曰晏平仲萊之夷維之人也漢明帝中元中封鄧珍為侯國西去濰水四十里膠水又北逕膠

陽東晏伏並謂之東亭自亭結路南通夷安地理風俗記曰淳于縣東南五十里有膠陽亭故縣也又東北逕左會一水世謂之張奴水水發夷安縣東南阜下西北流歷膠陽縣注于膠水之左東北為澤水渚百許里謂之夷安潭潭之澤周四十里亦濰水枝津之所注也膠水又東北逕下密縣故城東又東北逕膠東縣故城西漢高帝元年别為國景帝封子寄為王國王莽更之郁秩也今長廣郡治伏琛晏謨言膠水東北迴達于膠東城北百里流注于海

又北過當利縣西北入于海

縣故王莽更之東萊亭也又北逕平度縣漢武帝元朔二年封菑川懿王子劉行為侯國王莽更名之曰利盧也縣有土山膠水北歷土山注于海海南土山以北悉鹽坈相承修煑不輟北眺巨海杳冥無極天際兩分白黒方别所謂之溟海者也故地理志曰膠水北至平度入海者也

水經卷第二十六

水經卷第二十七

桑欽撰　　酈道元注

沔水附

沔水出武都沮縣東狼谷中

沔水一名沮水闞駰曰以其初出沮洳然故曰沮水也縣亦受名焉導源南流泉街水注之出河池縣東南流入沮縣會于沔

沔水又東南逕沮水戍而東南流注漢曰沮口

所謂沔漢者也尚書曰嶓冢導漾東流為漢山海經所謂漢出鮒嵎山也東北流得獻水口庾仲雍云是水南至關城合西漢水漢水又東北合沮口

同為漢水之源也故如淳曰此方人謂漢水為沔
水故孔安國曰漾水東流為沔盖與沔合也至漢
中為漢水是互相通稱矣

沔水又東逕白馬戍南濜水入焉

水北發武都氐中南逕張魯城東魯沛國張陵孫
曾學道於蜀鶴鳴山傳業衡衡傳於魯魯至行寬
惠百姓親附供道之費米限五斗故世号五斗米
道初平中劉焉以魯為督義司馬住漢中斷絶谷
道用遠城治因即崤嶺周迴五里東臨濬谷杳然
百尋西北二面連峯接崖莫究其極從南為盤道
登陟二里有餘濜水又南逕張魯治東水西山上

有張天師堂于今民事之庚仲雍謂山為白馬塞堂為張魯治東對白馬城一名陽平關濜水南流入沔謂之濜口其城西帶濜水南面沔川城側二水之交故亦曰濜口城矣

沔水又東逕武侯壘南

諸葛武侯所居也南枕沔水水南有亮壘背山向水中有小城迴隔難解

水又東逕沔陽故城南城

城舊漢祖在漢中言蕭何所築也漢建安二十四年劉備幷劉璋北定漢中始立壇即漢王位于此城其城南臨漢水北帶通逵南面崩水三分之一

觀其遺略厥狀時傳南對定軍山曹公南征漢中張魯降乃命夏侯淵等守之劉備自陽平關南渡沔水遂軒淵首保有漢中諸葛亮之死也遺令葬乎其山因即地勢不起墳壠惟深松茂栢攢蔚川阜莫知墓營所在山東名高平是亮宿營處有亮廟亮薨百姓野祭步兵校尉習隆中書郎向充共表云臣聞周人思邵伯之德甘棠為之不伐越人懷范蠡之功鑄金以存其像亮德軌遐邇勳蓋來世王室之不壞實賴斯人而使百姓巷祭戎夷野祀非所以存德念功追述在昔者也今若盡順民心則黷而無典建之京師又逼宗廟此聖懷所以

惟疑也臣謂宜近其墓立之沔陽斷其私祀以崇正禮始聽立祀斯廟蓋所啓置也鍾士季征蜀枉駕設祠營東即八陣圖也遺基略在崩褫難識

沔水又東逕西樂城北

在山上周三十里甚嶮固城側有谷謂之容裘谷道通益州山多群獠諸葛亮築以防遏梁州刺史楊亮以即嶮之固保而居之為符堅所敗後刺史姜守潘猛亦相仍此城城東容裘溪注之俗謂之洛水也水南導巴嶺山東北流水左有故城憑山即嶮四面岨絶言先主遣黄忠據之以拒曹公溪水又北逕西樂城東而北流注于漢

漢水又左得度口水

出陽平北山水有二源一曰清檢出佳饞二曰濁檢出好鮒常以二月八月取之美珎常味度水南逕陽平縣故城東又南逕沔陽縣故城東而南流注于漢水又東右會温泉水口水發山北平地方數十步泉源沸湧冬夏湯湯望之則白氣浩然言能瘥百病云洗浴者皆有硫黄氣赴集者常有百數池水通注漢水

漢水又東黄沙水左注之

水北出遠山山谷邃嶮人跡罕交溪曰五丈溪水側有黄沙屯諸葛亮所開也其水南注漢水南有

女郎山山上有女郎冢遠望山墳嵬嵬狀高及即其所裁有墳刑山上直路下出不生草木世人謂之女郎道下有女郎廟及擣衣石言張魯女也有小水北流入漢謂之女郎水

漢水又東合褒水

水西北出衙嶺山東南逕大石門歷故棧道下谷俗謂千梁無柱也諸葛亮與兄瑾書云前趙子龍退軍燒壞赤崖以北閣道緣谷一百餘里其閣梁一頭入山腹其一頭立柱於水中今水大而急不得安柱此其窮極不可強也又云頃大水暴出赤崖以南橋閣悉壞時趙子龍與鄧伯苗一戍赤崖

屯田一戍赤崖口但得緣崖與伯苗相聞而已後
諸葛亮死于五丈原魏延先退而焚之謂是道也
自後案舊脩路者悉無復水中柱逕涉者浮梁振
動無不深心眩目也褒水又東南逕三交城城在
三水之會故也一水北出長安一水西北出仇池
一水東北出太白山是城之所以取名矣褒水又
東南得丙水口水上承丙穴穴出嘉魚常以三月
出十月入地穴口廣五六尺去平地七八尺泉懸
注魚自穴下透入水穴口向丙故曰丙穴下注褒
水故左思稱嘉魚出於丙穴良木攢於褒谷矣褒
水又東南歷小石門門穿山通道六丈有餘刻石

言漢明帝永平中司隸校尉犍為楊厥之所開逮
靈帝建和二年漢太中大夫同郡王升嘉厥開鑿
之功琢石頌德以為石牛道來攻本蜀論云秦惠
王欲伐蜀而不知道作五石牛以金置尾下言能
屎金蜀王負力令五丁引之成道秦使張儀司馬
錯尋路滅蜀因曰石牛道厥蓋因而廣之矣蜀都
賦曰岨以石門其斯之謂也門在漢中之西褒中
之北褒水又東南歷褒口即褒谷之南口也北口曰
斜所謂北出褒褒水又南逕褒縣故城東褒中縣
也本褒國矣漢昭帝元鳳六年置褒水又南流入
于漢漢水又東逕萬石城下城在高原上原高十

餘丈四面臨平形若覆瓮水南過水為岨西北並帶漢水其城宿是流雜聚居故世亦謂之流雜城

漢水又東逕漢廟堆下

昔漢所遊側水為釣臺後人立廟於臺上世人覩其頹基崇廣因謂之漢廟堆傳呼乖實又名之為漢武堆非也

又東過南鄭縣南

縣故褒之附庸也周顯王之世蜀有褒漢之地至六國楚人兼之懷王衰弱秦略取焉周赧王二年秦惠王置漢中郡因水名也耆舊傳云南鄭之号始於鄭桓公桓公死於犬戎其民南奔故以南為

稱郎漢中郡治也漢高祖入秦項羽封爲漢王蕭何曰天漢美名也遂都南鄭大城周四十二里城内有小城南憑北結環雉金墉漆并皆漢所脩築地沃川險魏武方之雞肋曰釋騏驥而不乘焉皇皇而更求遂留杜子緒鎮南鄭而還晉咸康中梁州刺史司馬勳斷小城東面三分之一以爲梁州漢中郡南鄭縣治也自齊宋魏咸相仍焉水南即漢陰城也相承言吕后所居也有廉水出巴嶺山北流逕廉川故水得其名廉水又北注漢水漢水右合池水水出旱山山下有祠列石十二不辨其由蓋社主之流百姓四時祈禱焉俗謂之獠子水

夾漑諸田散流左注漢水
漢水又東得長柳渡
長柳村名也漢太尉李固墓碑銘尚存文字剥落
不可復識漢水又東逕胡城南義熙十五年城上
有密雲細雨五色昭章人相與謂之慶雲休符當
出晚乃雲霽乃覺城崩半許淪水出銅鍾十二枚
刺史索邈奉送洛陽歸之宋府南對扁鵲城當是
越人舊所逕涉故邑流其名耳漢水出于二城之
間右會盤余水水出南山巴嶺上泉流兩分飛清
派注南入蜀水北注漢津謂之磐余口庚仲雝曰
磐余去胡城二十里

漢水又左會文水

水即門水也出胡城北山石穴中長老云杜陽有仙人宫石穴宫之前門故號其川為門川水為門水東南流逕胡城北三城奇對隔谷羅布深濬固壘高臺相距門水右注漢水謂之高橋溪口

漢水又東黑水注之

水出北山南流入漢庾仲雝曰黑水去高橋三十里諸葛亮牋云朝發南鄭暮宿黑水四五十里指謂是水也道則百里也

又東過城固縣南又東過魏興安陽縣南涔水出自旱山北注之

常璩華陽國記曰蜀以城固為樂城縣也安陽縣故縣漢中魏分漢中立魏興郡安陽縣焉涔水出西南而東北入漢左谷水出西面而東北入漢左谷水出漢北即智水也北發聽山山下有穴水穴水東南流歷平川中謂之智鄉水曰智水川有唐公祠唐君字公房城固人也學道得仙人雲臺山合丹服之白日升天鷄鳴天上狗吠雲中唯以鼠惡留之鼠乃感激以月晦日吐腸胃更生故時人謂之唐鼠也公房升仙之日壻之行未還不獲同階雲路約以此川為居言無繁霜蛟虎之患其俗以為因號為壻鄉故水亦即名焉百姓為之立廟

於其處也刋石立碑表述靈異也壻水南歷壻鄉
溪出山東南流逕通關勢南山高百餘丈上有句
如城方五里潛塹三重高祖北定三秦蕭何守漢
中欲修北道通關中故名為通關勢壻水又東逕
七女冢冢夾水羅布如七星高十餘丈周迴數畝
元嘉六年大水破墳墳崩出銅不可稱計得一塼
刻云項氏伯無子七女造椰世人疑是項伯冢水
北有七女池池東有明月池狀如偃月皆相通注
謂之張良渠蓋良所開也壻水逕樊噲臺南臺高
五六丈上容百許人又東南逕大城固北城乘高
勢北臨壻水水北有韓信臺高十餘丈上容百許

人相傳高祖齋七日置壇設九賓禮以禮拜信也堵水東迴南轉又逕其城東而南入漢水謂之三水口也漢水又東會益口水出北山益谷東南流注于漢水

漢水又東至灙城南與洛谷水合

水北出洛谷谷北通長安其水南流右則灙水注之水發西溪東南流合為一水亂流南出際其城西南注漢水

漢水又東逕小城固南

州治大城固移縣北故曰小城固城北百二十里有興勢坂諸葛亮出洛谷戍興勢置烽火樓處通照

漢水東歷上濤而逕於龍下蓋伏石驚湍流屯激
怒故有上下二濤之名龍下地名也有丘椰墳墟
舊謂此館為龍下亭自白馬迄此則平川夾勢水
豐壤沃利方三蜀矣度此溯洄從漢為山行之始

漢水又東逕石門灘

山峽也東會酉水水北出秦嶺酉谷南歷重山與
寒泉合水東出寒泉湧山頂望之交横似若瀑布
頽波激石散若雨灑勢同厭源風雨之池其水西
流入于酉水酉水又南注漢謂之酉口

漢水又東逕嬀墟為灘

世本曰舜居嬀内在漢中西城縣或言嬀墟在西

北舜所居也或作嬀墟故舜所居也後或姓姚或
姓嬀嬀姚之異事妄未知所從余按應劭之言是
地於西城為西北也

漢水又東逕猴徑灘

山多猴猨好乘危綴飲故灘受斯名焉

漢水又東逕小大黃金南

山有黃金峭水北對黃金谷有黃金戍傍山依峭
嶮折七里氐掠漢中阻此為戍與鐵城相對一城
在山上容百餘人一城在山下可置百許人言其
嶮峻故以金鐵制名矣昔楊難當令魏興太守
薛健據黃金姜寶據鐵城宋遣秦州刺史蕭思

話話令陰平太守蕭祖攻拔之賊退西水矣
漢水又東合蘧蒢漢口
水北出就谷在長安西南其水南流逕巴溪戍西
又南逕陽都坂東坂自上及下槃折一十九曲西
連寒泉嶺漢中記曰自西城涉黃金峭寒泉嶺陽
都坂峻崿百重絕日萬尋旣造其峯謂以踰崧岱
復瞻前嶺又倍過之言陟羊腸超烟雲之際顧看
向塗杳然有不測之嶮山豐野牛野羊騰巖越嶺
馳走若飛觸突樹木十圍皆倒山殫良㟅地窮坎
勢矣其水南歷蘧蒢溪謂之蘧蒢水而南流注于
漢謂之蒢口

漢水又東右會洋水

川流漫闊廣幾里許洋水導源巴山東北流逕平陽城漢中記曰本西鄉縣治也自城固南城南入三百八十里距南鄭四百八十里洋川者漢戚夫人之所生處也高祖得而寵之夫人思慕本鄉追求洋川米帝為澤致長安蠲復其鄉更名曰縣又故目其地為洋川用表夫人誕載之休祥也城即定遠矣漢順帝永光七年封班超以漢中郡南鄭縣之西鄉為定遠侯即此也洋水又東北流入漢謂之城陽水口也

漢水又東歷敖頭

舊立倉儲之所傍山通道水陸嶮湊魏興安康縣
治有戍統領流雜
漢水又東合直水
水北出子午谷岩嶺下又南枝分東注旬水又南
蓰閣下山上有戍置於崇阜之上下臨深淵張子
房燒絕棧閣示無還也又東南歷直谷逕直城西
而南流注漢
漢水又東逕直城南
又東逕千渡而至蝦蟇頷歷漢陽撫口而屆于彭
溪龍竈矣並溪澗灘磧之名也
漢水又東逕晉昌郡之寧都縣南

縣治松溪口又東逕魏興郡廣城縣治王谷谷道南出巴獠有鹽井食之令人癭疾

漢水又東逕魚脯溪口

舊西城廣城二縣指此谷而分界也

又東過西城縣南

漢水又東逕鼈池而鯨灘鯨大也蜀都賦曰流漢湯湯驚浪雷奔望之天迴即之雲昏者也漢水又東逕嵐谷北口嶂遠溪深澗峽吹近氣蕭蕭以瑟瑟風颼颼而飀飀故川谷擅其目矣

漢水又東右得大勢

勢岨急溪故亦曰急勢也依山為城城周二里在

峻山上梁州督護吉挹所治符堅遣偏軍韋鍾伐
挹挹固守二年不能下無援遂陷
漢水右對月谷口
山有坂月川於中黄壤沃衍而桑麻列殖佳饒水
田故孟達與諸葛亮書善其川土沃美也
漢水又東逕西城縣故城南
地理志曰西城故漢中郡之屬縣也漢末為西城
郡建安二十四年劉備以申儀為西城太守儀據
郡降魏魏文帝改為魏興郡治故西城縣之故城
也氐略漢川梁州私治於此城内有舜祠漢高帝
廟置民九戶歲時奉祠焉

漢水又東為鱣湍

洪波渀盪淵浪雲頹古耆舊言有鱣魚奮鰭遡流
望濤直上至此則爆鰓失濟故因名湍矣

漢水又東合旬水

水北出旬山東南流逕平陽戍下與直水枝分東
注逕平陽戍入旬水旬水又東南逕旬陽縣與柞
水合水西出柞溪南流逕重崖堡西屈而東流逕
其堡南東南注于旬水旬水又東南逕旬陽縣南
縣北山有懸書崖高五十丈刻石作字今人不能
上不知所道山下石壇上有馬跡五所名曰馬跡
山旬水東南注漢之旬口

漢水又東逕木蘭塞南

石岸有城名陵城周迴数里左岸壘石数十行重壘数十里中謂是處為木蘭塞云吳朝遣軍救孟達於此矣

漢水又東左得育漢

與晉旬陽二縣分界於是谷漢水又東谷甲水口水出秦嶺山東南流逕金井城南又東逕上庸郡北與関柎水合水出上洛陽亭縣北青泥西山南逕陽亭聚西俗謂之平陽水南合豐鄉川水水出弘農豐鄉東山西南流逕豐鄉故城南京相璠曰南鄉淅縣有故酆鄉春秋所謂酆淅也於地理屬

弘農今屬南鄉又西南合閭衬水閭衬水又南入上津注甲水甲水又東南逕魏興郡之興陽南晉武帝太康中立甲水又東右入漢水漢水又東為龍淵淵上有胡鼻山石類胡人鼻故也下臨龍井渚淵深數丈

漢水又東逕魏興郡之錫縣故城北

為白石灘縣故春秋之錫穴地也故屬漢水中王莽之錫治也縣有錫義山方圓百里形如城四面有門上有石壇長十餘丈世傳列仙所居今有道士被髮餌朮恒數十人山高谷深多生薇蘅草其草有風不偃無風獨摇漢水又東逕長利谷南入

谷有長利故城舊縣也

漢水又東歷姚方

蓋舜後枝居是處故地留姚稱也

水經卷第二十七

水經卷第二十八

桑欽撰　　　酈道元注

沔水附

沔水又東過襄陽縣北

沔水又東逕方山北山上有鄒恢碑魯宗之所立也山下潭中有杜元凱碑元凱好尚後名作兩碑並述巳功一碑沉之峴山水中一碑下之於此潭曰百年之後何知不深谷為陵也山下水曲之隈云漢女昔遊處也故張衡南都賦曰遊女弄珠於漢皐之曲漢皐即方山之異名也

沔水又東合檀溪水

水出縣西柳子山下東為鴨湖湖在馬鞍山東北
武陵王愛其峯秀改曰望楚山溪水自湖兩分北
渠即溪水所導也北逕漢陰臺西臨流望遠按眺
農圃邈灌蔬意寄漢陰故因名臺矣又北逕檀溪
謂之檀溪側有沙門釋道安寺即溪之名以表寺
目也溪之陽有徐元直崔州平故宅悉人居故習
鑿齒與謝安書云每省家舅目檀溪念崔徐之交
未嘗不撫膺躊躕惆悵終日矣溪水傍城北注昔
劉備為景升所謀乘的顱馬西走墜於斯溪西去
城里餘北流注于沔一水東南出應劭曰城在襄
水之陽故曰襄陽也是水當即襄水也城北枕沔

水即襄陽縣之故城也王莽之相陽矣楚之北津戍也今大城西壘是也其土古鄢都盧羅之地秦滅楚置南郡號北為北部焉建安十三年魏武平荆州分南郡立爲襄陽郡荆州刺史治邑居隱賑冠蓋相望一都之會也城南門道東有三碑一碑是晉太傅羊祜碑一碑是鎮南将軍杜預碑一碑是安南将軍劉儼碑並是學生所立城東門外二百步劉表墓太康中為人所發見表夫妻其尸儼然顔色不異猶如平生墓中香氣遠聞三四里中經月不歇今墳冢及祠堂猶高顯整頓城北枕沔水水中常若蛟害襄陽太守鄧遐負其氣果拔劒入水蛟繞其足遐揮劒斬蛟流血丹水自後

患除無復蛟難矣昔張公遇害亦亡劒於是水後雷氏為建安從事逕踐瀨溪所留之劒忽於其懷躍出落水初由是劒後變為龍故吳均劒騎詩云劒是兩蛟龍張華之言不孤為驗矣

沔水又逕平魯城南

伐魯宗之所築也故城得厥名矣東對樊仲山甫所封也漢晉春秋稱桓帝幸樊城百姓莫不觀有一老父獨耕不輟議郎張温使問焉父嘯而不答温因與之言問其姓名不告而去城周四里南半淪水建安中關羽圍于禁於此城會沔水泛溢三文有餘城陷禁降龐悳奮劒乘舟投命於東岡魏

武曰吾知于禁三十餘載至臨危授命更不如龐
德矣城西南有曹仁記水碑杜元凱重刊其後書
伐吳之事也

又從縣東屈西南淯水從北來注之

襄陽城東有東白沙白沙北有三洲東北有宛口
即淯水所入也

沔水中有魚梁洲

龐德公所居士元居漢之陰在南白沙故世謂是
地為白沙曲矣司馬德操宅洲之陽望衡對宇懽
情自接泛舟褰裳率尔休暢豈待還桂柂於千里
貢深心於思哉水南有層臺號曰景升臺蓋劉表

治襄陽之所築也言表盛遊於此常所止憩表性好鷹嘗登此臺歌野鷹來曲其聲韻似孟達上堵吟矣

沔水又逕桃林亭東

又逕峴山東山上有　桓宣所築城孫堅死於此又有桓宣碑羊祜之鎮襄陽也與鄒潤甫嘗登之及祜薨後人立碑於故處望者悲感杜元凱謂之墮淚碑山上又有征南將軍胡羆碑又有征西將軍周訪碑山下水中杜元凱沉碑處

沔水又東南逕蔡洲

漢長水校尉蔡瑁居之故名蔡洲洲大岸西有洄

湖停水數十畝長數里廣減百步水色常淥楊儀居上洄楊顒居下洄與蔡洲相對在峴山南廣昌里又與襄陽湖水合水上承鴨湖東南流逕峴山西又東南流注白馬陂水又東入侍中襄陽侯習郁魚池郁依范蠡養魚法作大陂陂長六十步廣四十步池中起釣臺池北亭郁墓所在也列植松篁於池側沔水上郁所居也又作石伏逗引大池水於宅北作小魚池池長七十步廣十二步西枕大道東北二邊限以高堤楸竹夾植蓮芡覆水是遊宴之名處也山季倫之鎮襄陽每臨此池未嘗不大醉而還恒言此是我高陽池故時人為之

歌曰山公出何去往至高陽池日暮倒載歸酩酊無所知其水下入沔沔水西又有孝子墓河南秦氏性至孝事親無倦親没之後負土成墳常泣血墓側人有詠蓼莪者氏為泣涕悲不自勝於墓所得病不能食虎常乳之百餘日卒今林木幽茂号曰孝子墓也其南有蔡瑁冢冢前刻石為大鹿狀甚大頭高九尺制作甚工

沔水又東南邑城北

習郁襄陽侯之封邑也故曰邑城矣

沔水又東合洞口

水出安昌縣故城東北大父山西南流謂之白水

又南逕安昌故城東屈逕其縣南縣故蔡陽之白
水鄉也漢元帝以長沙卑濕分白水上唐二鄉爲
舂陵縣光武即帝位改爲章陵縣置園廟焉魏黄
初二年更從今名故義陽郡治也白水又西南流
而左會昆水水導源城東南小山西流逕今山北
又西南流逕縣南西流注于白水水北有白水陂
其陽有漢光武故宅基址存焉所謂白水鄉也蘇
伯河望氣處也光武之征秦豐幸舊邑置酒極懽
張平子以爲真人南巡觀舊里焉東觀漢記曰明
帝幸南陽祀舊宅召校官子弟作雅樂奏鹿鳴上
自御塤箎和之以娱賓客又於此宅矣白水又西

合濜水水出于襄鄉縣東北陽中山西逕襄鄉縣之故城北按郡國志是南陽之屬縣也濜水又西逕蔡陽縣故城東西南流注于白水又西逕其城南建武十六年世祖封城陽王祉世子本為侯國應劭曰蔡水出蔡陽東入淮今於此城南更無別水唯是水可以當之川流西流苦其不東且淮源岨礙山河無相入之理蓋應氏之誤耳洞水又西南流注于沔水

又東過中廬縣東淮水自房陵縣淮山東流注之

縣即春秋廬戎之國也縣故城南有水出西山山有石穴出馬謂之馬穴山漢時有數百匹馬出其

中馬形小以已滇馬三國時陸遜攻襄陽於此穴
又得馬数十疋送建業蜀使至有家在滇池者識
其馬毛色云其父所乘馬對之流涕其水東流一
百四十里逕城南名曰浴馬港言初得此馬洗之
於此因以名之亦云乘出沔次浴之又曰洗馬漑
渡沔宿處名之曰騎亭然侯水諸蛮北遏是水南
壅淮川以周田漑下流入沔

沔水又東南流逕黎丘故城西

其城下對繕州秦豐居之故更名秦洲王莽之敗
也秦豐阻兵於黎丘黎丘城在觀城西二里建武
三年光武遣征南岑彭擊豐三年未祐自觀城瀹

豐於黎丘是也沔水又南與䟽水合水出中廬縣西南東流至即縣北界東入沔水謂䟽口也水中有物如三四歲小兒鱗甲如陵鯉射之不可入七八月中好在磧上自曝膝頭似虎掌爪常没水中出膝頭小兒不知欲取弄戲便煞人或曰人有生得者摘其皐厭可以小使名為水唐者也

又南過邔縣東北

沔水之左有騎城周迴二里餘高一丈六尺即騎亭也縣故楚邑也秦以為縣漢高帝十一年封黄極忠為侯國縣南有黄家墓墓前有雙石闕彫制甚工俗謂之黄公名尚為漢司徒沔水又東逕猪

蘭橋橋本名荻蘭橋橋之左右豐蒿荻於橋東劉
季和大養猪襄陽皮守曰此中作猪屎臭可易名
猪蘭橋百姓遂以為名矣橋北有習郁宅宅側有
魚池池不假功自然通溢長六七十步廣十丈常
出名魚

沔水又南得木里水會

楚時於宜城東穿渠上口去城三里漢南郡太守
五寵又鑿之引蠻水灌田謂之木里溝逕宜城東
而東北入于沔謂之木里水口也

又南過宜城縣東夷水出自房陵縣東流注之

夷水蠻水也桓温父名夷改曰蠻水夷水導源中

廬縣界康狼山山與荆山相隣其水東南流歷宜
城西上謂之夷溪又東南逕羅川城故羅國也又
謂之鄢水春秋所謂楚人伐羅渡鄢者也夷水
又東南流與零水合零水即沶水也上通梁州
沒陽縣之默城山司馬懿出沮之所由其水東逕
新城縣之沶鄉縣縣分房陵立謂之沶水又東歷
軨鄉謂之軨水晉武帝平吳割臨沮之北鄉中廬
之南鄉立上黄縣治軨鄉沶水又東歷宜城西山
謂之沶溪東流合於夷水謂之沶口也與夷水亂
流東出謂之淇水逕蠻城城南在宜城南三十里
春秋若敖自羅敗退及鄢亂次以濟淇水是也夷

水又東注于沔昔白起攻楚引西山谷水即是水者也舊堨去城一百許里水從城西灌城東入注為淵今熨斗陂是也水潰城東北角百姓隨水流死於城東者數十萬城東皆臭因名其陂為臭池後人因其渠流以結陂田城西陂謂之新陂覆地數十頃西北又為土門陂從平路渠以北木蘭橋以南西極土門山東跨大道水流周通其水自新陂東入城城故鄢郢之舊都秦以為縣漢惠帝三年改曰宜城其水歷大城中逕漢南陽太守秦頡墓北墓前有二碑頡鄀人也以江夏都尉出為南陽太守逕宜城中見一家東向頡住車視之曰此

居處可依冢後卒於南陽喪還至昔住車處車不
肯進故吏為市此宅葬之孤墳向塋冢前有二碑
城南有宋玉宅玉邑人隽才辨給善屬文而識音
也其水又逕金城前縣南門有右碑猶存其水又
東出城東注臭池臭池溉田陂水散流又入朱湖
陂朱湖陂亦下灌諸田餘水又下入木里木里
溝是漢南郡太守王寵所鑿故渠引鄢水也灌田
七百頃白起渠溉三千頃膏良肥美更為沃壤也
縣有太山山下有廟漢末多士其中刺史二千石
卿長數十人朱軒華蓋同會於廟下荊州刺史行
部見之雅歎其盛号為冠蓋里而刻石銘之此碑

於永嘉中治為人所毀其餘文尚有可傳者其辭
曰峨峨南岳烈烈離明寔敷儁乂君子以生惟此
君子作漢之英德為龍先聲化鶴鳴此山以建安
三年崩聲聞五六十里雉皆屋雊縣人惡之以聞
侍中龐季云山崩川竭國土將亡之占也十三年
魏武平荆州沔南彫散
沔水又逕鄀縣故城南
古鄀子之國也秦楚之間自商密遷此為楚附庸
楚滅之以為邑縣南臨沔津津南有石山上有古
烽火臺縣北有大城即楚昭王為吳所迫絶郢徙
都之所謂鄀郡盧羅之地也秦以為縣

沔水又東敖水注之
水出新市縣東北又西南太陽山西南流逕新市縣北又西南而右合枝水水出大洪山而西南流逕襄陽郡縣界西南逕秋城東南左注敖水敖水又西南流注于沔寔曰潡口沔水又南逕石城西城因山為固晉太傅羊祜鎮荆州立晉惠帝元康九年分江夏西部置竟陵郡治此

沔水又東南與臼水合
水出竟陵縣東北耶屈山一名盧屈山西流注于沔春定公四年吳師入郢昭王奔隨濟于成臼謂是水者也又東過荆城東

沔水自荆城東南流逕當陽縣之章山東
山上有故城太尉陶侃伐杜曾所築也禹貢所謂
内方山至于大别者也既瀕帶沔流寔會尚書之
文矣
沔水又東右會權口
水出章山東南流逕權城北右之權國也春秋魯
莊公十八年楚武王尅權權叛圍而煞之遷權是
也權水又東入于沔
沔水又東南與陽口合
水上承江陵縣赤湖江陵西北有紀南城楚文王
自毋陽徙此平王城之班固言楚之郢都也城西

南有赤坂罡罡下有瀆水東北流入城名曰子胥瀆蓋吳師入郢所開也謂之西京湖又東北出城西南注于龍陂陂古天井水也廣圓二百餘步在靈溪東江堤內水至淵深有龍見于其中故曰龍陂陂北有楚莊王釣臺高三丈四尺南北六丈東西九丈陂水又逕郢城南東北流謂之楊水又東北路曰湖水注之湖在大港北港南曰中湖南堤下曰昏官湖三湖合為一水東通荒谷荒谷東岸有治父城春秋傳曰莫敖縊於荒谷群帥囚於治父謂此處也春秋水盛則南通大江否則南迄江堤北逕方城西方城即南蠻府也又北與三湖會

故盛弘之曰南蠻府東有三湖源同一水盖徙治
西府也宋元嘉中通路自湖下注楊水以廣運漕
楊水又東歷天井北井在方城北里餘廣圓二里
其深不測井有潛室見輒兵西岸有天井臺因基
舊堤臨際水湄遊憩之佳處也楊水又東北流得
東赤湖水口湖周五十里城下陂池皆來會同湖
東北有大置臺高六丈餘縱廣八丈一名清暑臺
秀宇層明通望周博遊者登之以暢遠情楊水又
東入華容縣有靈港水西通赤湖水口已多下湖
周五十里城下陂池皆會來同又有子胥瀆盖入
郢所開也水東入離湖湖在縣東七十五里國語

所謂楚靈王闕為石郭陂漢以象帝舜者也湖側有章華臺臺高十丈基廣十五丈左丘明曰楚築臺於章華之上常昭以為章華亦地名也王與五舉登之舉曰臺高不過望國之氣祥大不過容宴之俎豆蓋譏其奢而諫其失也言此瀆靈王立臺之日漕運所由也其水北流注于揚水揚水又東北與祥溪水合水出江陵縣北蓋諸池散流咸所會合積以成川東流逕魯宗之壘南當驛路水上有大橋隆安三年桓玄襲殷仲堪於江陵仲堪北奔縊於此橋柞溪又東注船宮湖湖水又東北入女觀湖湖水又東入于揚水揚水又北逕竟陵縣

西又北納巾吐柘柘水即下楊水也巾水出縣東一百九十里西逕巾城下城下置巾水戍晉元熙二年竟陵郡上巾水戍山得銅鍾七口言之上府巾水又西逕竟陵縣北西逕楊水謂之巾口水西有右竟陵大城右鄖國也鄖公辛所治所謂鄖鄉矣昔白起拔郢東至竟陵即此也秦以為縣王莽之守平矣世祖建武十三年更封劉隆為侯國城傍有甘魚陂左傳昭公十三年公子黒肱為令尹次于魚陂者也楊水又北注于沔謂之楊口中夏口也曹太祖之追劉備於當陽也張飛按矛於長坂備得與數騎即趣漢津遂濟夏口是也沔水又

東得滻口其水承大滻馬骨諸湖水周三四百里
及其夏水來同眇若滄海洪潭巨浪縈連江沔故
郭景純江賦云其傍側有珠涯舟漅是也
又東南逕江夏雲杜縣東夏水從西來注之
即睹口也為中夏水縣故邔亭左傳所謂若敖聚
於郤是也禹貢所謂雲土夢作乂故縣取名焉縣
有雲夢城城在東北

沔水又東逕左桑

昔周昭王南征船人膠舟以進之昭王渡沔中流
而沒死於是水齊楚之會楚侯曰昭王南征之不
復寡人是問屈完曰君其問諸水濱庾仲雍言村

老云百姓佐昭王喪事於此成禮而行故曰佐喪
左桑字失體耳
沔水又東合巨亮水口
水北承亮湖南達于沔
沔水又東得合驛口
庚仲雍言須導村耆舊云朝廷驛使合王喪於是
因以名焉今須導村正有大斂口言昭王於此殯
斂矣
沔水又東謂之横桑
言得昭王喪處也
沔水又東謂之鄭潭

言鄭武公與王同溺水於是今謂世數既懸為不近情矣斯乃楚之鄭鄉守邑大夫讃公言故世以為鄭公潭耳

沔水又東得死沔

言昭王濟自是死沔故有死沔之稱王尸豈逆流乎但千古芒昧難以昭知推其事類似是而非矣

沔水又東與力口合

有溳水出竟陵郡新陽縣西南河地山東流逕新陽縣南縣治雲杜胡城分雲杜立溳水又東南流注宵城縣南大湖又南又于沔水是曰力口

沔水又東南溳水入焉

沔水又東逕沌水口水南通縣之太白湖湖水東南通江又謂之沌口

沔水又東逕沌陽縣北

處沌水之陽也沔水又東逕林鄣故城北晋建興二年太尉陶侃為荆州鎮此也

又南至江夏沙羨縣北南入于江

庚仲雍曰夏口一曰沔口矣尚書禹貢云漢水南至大别入江春秋左傳定公四年吳師伐郢楚子常濟漢而陳自小别至于大别京相璠春秋土地名曰大别漢東山名也在安豐縣南杜預釋地曰二别近漢之名無緣乃在安豐也案地說言漢水

東行觸大别之陂南與江合則與尚書杜預相符
但今不知所是矣
沔水與江合流又東過彭蠡澤
尚書禹貢匯釋也鄭玄曰匯回也漢與江鬭轉東
城其澤矣
又東北出居巢縣南
古巢國也湯伐桀桀奔南巢即巢澤也尚書周有
巢伯來朝春秋文公十二年夏楚人圍巢巢郡
舒國也舒叛故圍之永平元年漢明帝更封菑丘
侯劉般為侯國也江水自濡須口又東左會柵口
水導巢湖東逕烏上成北又東逕南譙僑郡城南

又東絶塘逕附農山北又東左會清溪水水出東
北馬子硯之清溪也東逕清溪城南屈而西南流
歷山西南流注柵水謂之清溪口柵水又東左會
白石山水水發白石山西逕李鵲城南西南注柵
水柵水又東南積而為竇湖中有洲湖東有韓縱
山山上有城山北湖水東出為後塘北湖湖南即
塘也塘上有潁川僑郡故城也湖竇湖水東出謂
之湖竇口湖水東出逕刺史山北歷韓縱山南逕
流二山之間出王武子北城城在刺史山上湖水
又東逕右塘穴北為中塘塘右四水中水出格
虎山北山上有虎山有郭僧坎城水北有

趙祖悦城並故東關城也昔諸葛恪帥師作東興堤以遏巢湖傍山築城使將軍全端留畧等各以千人守之魏遣司馬昭督鎮東諸葛誕率衆攻東關三城將毀堤遏諸軍作浮梁陳於堤上分兵攻城恪遣冠軍丁奉等登塘鼓譟奮擊朱異等以水軍攻浮梁魏征東胡遵軍士爭渡梁壞投水而死者數千塘即東興堤城亦関城也柵水又東南逕高江產城南胡景城北又東南逕張祖禧城南東南流屈而北逕鄭衛尉城西魏事已難用取悉推舊訪新畧究如此又北

委折蒲浦出焉栅水又東南流注于天江謂之栅
口水
又東過牛渚縣南又東至石城縣
經所謂石城縣者即宣城縣郡之石城縣也牛渚
在始孰烏江兩縣界中也於石城東北減五百許
里安得逕牛渚而方界石城也蓋經之謬悞也
分為二其一東北流其一又過毗陵縣北為北江
地理志曰毗陵縣舊會稽之屬縣丹徒縣也北二
百步有故城本毗陵郡治也舊去江三里岸稍毀
遂至城下城北有楊州刺史劉繇墓淪于江江即
北江也經書在北江則可又言東至餘姚則非考

其逕流知經之悞矣地理志曰江水自石城東出
逕吳國南為南江江水自石城東入為貴口東逕
石城縣北晉太康元年隸宣城郡東合天溪溪水
首受江北逕其縣故城東又北入南江

南江又東與貴長池水合

水出縣南郎山北流為貴長池池水又北注于南江

南江又南東逕宣城之臨城縣南

又東合注涇水

南江又東與桐水

又東逕安吳縣號曰安吳溪又東旋溪水注之水
出陵陽山下逕陵陽縣西為旋溪水昔縣人陽子

明釣得白龍處後三年龍迎子明上陵陽山山去
地千餘丈後百餘年呼山下人上山半語與谿中
子安問子明釣車所在後二十年子安死山下有
黃鶴棲其冢樹鳴常呼子安故縣取名焉晉咸康
四年改曰廣陽縣漢水又北合東溪水水出南里
山北逕其縣東桑欽曰淮水出縣之東南北入大
江其水又北歷蜀由山又北左合旋溪北逕安吳
縣東晉太康元年分宛陵立縣南有落星山山有
懸水五十餘丈下為深潭潭水東北流左入旋溪
而同注南江之北即宛陵縣界也

南江又東逕寧國縣南

晋太康元年分宛陵置南江又東逕故彰縣南安吉縣北光和之末天下大亂此保險守節漢朝嘉之中平二年分故彰之南鄉以為安吉縣縣南有釣頭泉懸湧一仞乃流于川川水下合南江

南江又東北為長瀆歷河口

江南東注于具區謂之五湖口五湖謂長塘湖太湖射貴湖滆湖也郭景純江賦曰注五湖以漫漭蓋言江水経緯五湖而苞注太湖也是以左丘明述國語曰越伐吳而戰於五湖是也又云范蠡滅吳返至五湖而辭越斯乃太湖之攝通稱也虞翻曰是湖有五道故曰五湖韋昭曰五湖今太湖

也尚書謂之震澤爾雅以為具區方圓五百里湖有苞山春秋謂之夫椒山有洞室入地潜行北通琅耶東武縣俗謂之洞庭旁有青山一名夏架山山有洞穴潜通庭山上有石鼓長丈餘鳴則有兵故吳記曰太湖有苞山在國西百餘里居者數百家出弓弩材旁有小山山有石穴南通洞庭深遠莫知所極三苗之國左洞庭右彭蠡今宫亭湖也以太湖之洞庭對彭蠡則左右可知也余按二湖俱以洞庭為目者亦分為左右也但以趣矚為方耳既據三苗宜以湘江為正是故郭景純之江賦云夏有包山洞庭巴陵地道潜陸傍通幽岫窈窕

山海經曰浮玉之山北望具區苕水出于其陰北
流注于具區謝康樂云山海云浮玉之山在句餘
東五里便是句餘縣之東山乃應入海具區今在
餘姚鳥道西北何由北望具區也以為郭於地理
甚昧矣言洞庭南口有羅浮山高三千六百丈浮
山東石樓下有兩石數扣之清越所謂神鉦者也
事備羅浮山記會稽山宜直湖南又有山陰溪水
入焉山陰縣西四十里有二溪東溪廣一丈九尺
冬煖夏冷西溪廣三丈五尺冬冷夏煖二溪北出
行三里至徐村合成一溪廣五丈餘而温凉又雜
蓋山海經所謂苕水也北逕羅浮山而下注于太

湖故言出其陰入于具區也湖中有大雷小雷三山亦謂之三山湖又謂之洞庭湖楊脩五湖賦曰頭首無錫足蹄松江負烏程於背上懐大吳以當胷岞嶺崔嵬穹隆紆曲大雷小雷湍波相逐用言湖之苞極也太湖之東吳國西十八里有岞嶺山俗說此本在太湖中禹治水移進近東又西南有兩小山皆有石如卷笮山云禹所用牽山也太湖中有淺地長老云是笮嶺山蹤自此以求差溟言是牽山之濆此山去太湖三十餘里

東則松江出焉

上承太湖更逕笠澤在吳南松江左右也國語曰

越伐吳吳禦之笠澤越軍江南吳軍江北者也虞
氏曰松江北去吳國五十江側有丞胥二山山各
有廟國南五十里魯哀公十三年越使二大夫疇
無餘謳陽等伐吳吳人敗之獲二大夫大夫死故
立廟於山上號曰丞胥二王也胥山上今有壇石
長老云胥神所治也下有九折路南出太湖闔閭
造以遊胥之臺以望太湖也松江自湖東北流逕
七十里

江水奇分謂之三江口

吳越春秋稱范蠡去越乘舟出江之口入五湖之
中者也此亦別為三江五湖雖稱相亂不與職方

同庚仲初楊都注曰今太湖東注爲松江下七十里有水口分流東北入海為婁江東南入海為東江與松江而三也吳記曰一江東南行七十里入小湖爲次溪自湖東南出謂之爲谷水吳記曰谷水出吳小湖逕由卷縣故城下神異傳曰卷縣秦時長水縣也始皇時縣有童謡曰城門當有血城陷没爲湖有老嫗聞之憂懼且往窺城門門侍欵縛之嫗言其故嫗去後門侍煞犬以血塗門嫗又往見血走去不敢顧忽有大水長欲没縣主簿令幹入白令令見幹曰何忽作魚幹又曰明府亦作魚遂乃淪陷爲谷矣因目長水城水曰谷水也吳

記曰谷中有城故曰卷縣治也即吳之柴辟亭故就李鄉檇李之地秦始皇惡其勢王令囚徒十餘萬人汙其土表以汙惡名改曰囚卷亦曰由卷也吳黃龍四年有嘉禾生卷縣改曰禾興後太子諱和改為嘉興春秋之醉李城也谷水又東南逕嘉興縣城西谷水又東南逕鹽官縣故城南舊吳海昌都尉治晉太康中分嘉興立太康地道記吳有鹽官縣樂資九州志曰縣有秦延山秦始皇逕北美人死瘞于山上山下有美人廟谷水之右有馬睪城故司鹽都尉城吳王濞煑海為鹽於此縣也是以漢書地理志曰縣有鹽官東出五十里有武

原鄉故越地也秦於其地置海鹽縣地理志曰縣故武原鄉也後縣淪為柘湖又徙治武原鄉改曰武原縣王莽名之辰武漢安帝武原之地又淪為湖今之當湖也後乃移此縣南有秦望山秦始皇所登以望東海故山得其名焉谷水於縣出為散浦以通巨海光熙元年有毛民三人集於縣蓋汜於風也

又東至會稽餘姚縣東入于海

謝靈運云具區在餘姚然則餘暨是餘姚之别名也今餘暨之南餘姚西北浙江與浦陽江同會歸海但水名已殊非班固所謂南江也郭景純曰三

江者岷江松江浙江也然浙江出南蠻中不與岷江同作者述誌多言江水至山陰為浙江今南江枝分歷烏程縣南通餘杭縣則與浙江合故闞駰十三州志曰江水至會稽與浙江合浙江自臨平湖南通浦陽江又於餘暨東合浦陽江自秦望分派東餘姚縣又為江也東與車箱水合水出車箱山乘高瀑布四十餘丈雖有水旱而樹無增減

江水又東逕黃橋下

臨江有漢蜀郡太守黃昌宅橋本昌創建也昌為州書佐妻遇賊相失後會於蜀復修舊好江水又東逕緒山南虞翻嘗登此山四望試子孫可居江

北世有禄位居江南則不昌也然住江北者相繼
代興時有江南者輙多淪替仲翔之言為有官倉
倉即日南太守虞國舊宅號曰西虞以其兄光居
縣東故也是地即其雙鴈送故處
江水又東逕餘姚縣故城南
縣城是吳将朱然縣所築也南臨江津北背巨海
夫子所謂滄海浩浩萬里之淵也縣西去會稽一
百四十里因其句縣山以名縣山在餘姚之南句
章之北也江水又東逕究湖塘湖水沃其一縣並
為良疇矣
江水又東注于海

是所謂三江者也故子胥曰吴越之國三江環之民無所移矣但東南地卑萬流所湊濤湖泛决觸地成川枝津交渠世家分夥故川舊瀆難以取悉雖粗依縣地緝綜所纏亦未必一得其實也

水經卷第二十八